기본소득의 경제학

기본소득의 경제학

강남훈 지음

basic income

basic income

basic income

basic income

basic income

기본소득

basic income

basic income

basic income

basic income

박종철출판사

이 저서는 한신대학교 특별연구비 지원 및 2017년 대한민국 교육부와
한국연구재단의 지원을 받아 수행된 연구임(NRF-2017S1A3A2066659)

서문 7

제1부 기본소득의 역설들 13

제1장 일부에게 주나 모두에게 주나 마찬가지다 14
제2장 부자까지 주면 부자들이 더 많이 부담한다 20
제3장 가난한 사람에게 몰아줄수록 가난한 사람이 적게 받는다 27
제4장 적게 걷는 것보다 많이 걷는 것이 쉬울 수 있다 31
제5장 일하라고 안 해도 더 많이 일한다 39
제6장 많이 나눌수록 나눌 것이 많아진다 46

제2부 기본소득의 경제적 효과 53

제7장 기본소득과 일자리: 실험의 결과 54
제8장 기본소득과 임금: 이론적 접근 86

제3부 4차 산업혁명과 기본소득　97

제9장 4차 산업혁명의 특징　98
제10장 불안정노동자와 기본소득의 필요성　126
제11장 공동부 수입의 공정한 분배　147

제4부 기본소득의 재정 모델　157

제12장 재원　158
제13장 하나의 기본소득 재정 모델　171

맺음말 ─ 생각 바꾸기　177

참고 문헌　185

찾아보기　194

서 문

기본소득의 정의

기본소득은 "자격 심사 없이 모든 사람에게, 개인 단위로, 노동 요구 없이 무조건 전달되는 정기적인 현금 지급"이다.* 이 정의는 2016년 서울에서 열린 기본소득지구네트워크 총회에서 수정된 것으로서, 다섯 가지 요소를 포함하고 있다. ① 개별성. 기본소득은 가구 단위로 지급되지 않고 개인 단위로 지급된다. ② 보편성. 기본소득은 자격 심사 없이 모든 사람에게 지급된다. ③ 무조건성. 기본소득은 수급의 대가로 노동이나 구직 활동을 요구하지 않는다. ④ 정기성. 기본소득은 한 번만 지급하는 기본 자본(기본 자산)과 다른 정책이다. ⑤ 현금 지급. 기본소득은 현금 지급을 원칙으로 한다.

현실적으로 복지제도가 있는 나라에서 점진적으로 기본소득을 도입하는 경우, 기존의 현금 급부형 복지가 기본소득에 의해서 대체

---

* "A basic income is a periodic cash payment unconditionally delivered to all on an individual basis, without means-test or work requirement." (http://www.basicincome.org/basic-income. 검색일: 2019년 1월 4일.)

될 때 일부 계층의 복지가 줄어들도록 설계될 가능성이 있다. 그래서 서울 총회에서는 다음과 같은 결의(2016년 7월 9일 기본소득 규약 ASIBL 수정 동의안 2)가 추가됐다.

우리는 물질적 빈곤을 제거하고 모든 개인의 사회적, 문화적 참여를 보장할 수 있을 정도로, 지급 규모와 주기에서 안정적이고 충분하게 높은 수준의 기본소득을 지지한다. 기본소득은 다른 사회서비스와 결합되어 제공되어야 한다. 우리는 상대적으로 불리한 계층, 취약 계층, 또는 중저소득층의 처지를 악화시키는 방식으로 사회서비스나 수당을 대체하는 것에 반대한다.

이 결의에 따르면 기본소득은 의료, 교육 등의 사회서비스와 함께 제공되어야 하고, 물질적 빈곤 탈출을 넘어서 사회적, 문화적 참여를 보장할 수 있는 수준이어야 하며, 기존의 복지를 기본소득으로 대체할 때 중산층, 저소득층, 장애인, 노인, 취약 계층 등의 처지가 개선되어야 한다. 이 결의는 다른 사회서비스를 없애는 대신 기본소득을 도입하려고 한다(적어도 기본소득한국네트워크 안에서는 이렇게 극단적인 우파 버전의 기본소득을 제안한 사람이 없다)는 근거 없는 비판에 대하여 분명한 답변이 될 것이다.

기본소득지구네트워크의 기본소득에 대한 정의 중에는 기본소득의 본질, 또는 기본소득을 지급해야 하는 이유에 관한 규정이 빠져 있고, 이어지는 설명에 나열되어 있다. 이 문제는 제3부에서 다룰 것이다.

기본소득에 대한 경제학적 질문들

모든 사람에게 무조건 한 달에 30만 원씩 기본소득을 주자고 이야기하면, 사람들은 으레 몇 가지 질문을 하게 된다. 기본소득을 주면 누가 노동을 하려고 할까? 술과 도박에 빠져 나라 경제가 제대로 굴러갈까? 기본소득을 지급할 돈을 마련할 수 있을까? 이건희 손자에게 웬 기본소득? 가난한 사람에게 몰아주는 것이 더 낫지 않을까? 베짱이에게 웬 기본소득? 모두에게 똑같이 주는 것은 불공정하지 않을까? 족보에도 없는 경제 이론이 아닐까? 오히려 임금만 떨어뜨리게 되지 않을까?

이런 질문들의 상당한 부분은 경제학적 관점에서의 질문이라고 할 수 있다. 이 책의 목적은 경제학적 관점에서 이런 질문들에 대하여 답변하는 것이다.

기본소득은 아주 단순한 정책이다. 마련된 재원을 균등하게 통장에 입금하면 된다. 그러나 그 경제적 효과는 생각보다 복잡하다. 복잡한 경제구조 내에서 작동하는 것이므로 다양한 요소와 상호작용을 고려해야 한다. 편익과 비용을 함께 고려하는 것도 쉬운 일은 아니다. 심리학에서는 착각이 중요한 주제이듯이 경제학에서는 환상이 중요한 주제다. 역설적인 효과도 많다. 미운 아이 떡 하나 더 준다고, 부자들에게도 기본소득을 주면 부자들의 부담이 커질 수 있다. 하지 말라면 더 한다고, 아무런 노동 요구 없이 기본소득을 주는 것이 종종 노동을 더 많이 하도록 만드는 방법이다.

경제학적 관점에서 확실한 대답을 얻게 되면, 정치적 실현을 위한 정치학적 관점에서의 연구, 기존의 사회복지제도와의 조화를 위한 사회복지학적 관점에서의 연구, 제도적 구현을 위한 법학적 관점에서의 연구, 궁극적으로 사람들의 생각을 바꾸기 위한 철학적 관점에서의 연구에도 도움이 될 것이다.

이 책의 구성

제1부에서는 기본소득의 경제학적 특성을 이해할 수 있는 여섯 가지 역설을 다루었다.

제1장. 일부에게 주나 모두에게 주나 마찬가지다. 기본소득을 기초생활 보장이나 구직수당 등의 선별소득보장 정책과 비교한다. 모두에게 돈을 주는 기본소득 정책은 가난한 사람에게만 돈을 주는 선별소득보장과 동등한 정책이 되도록 만들 수 있다. 동등한 정책 두 개 가운데 하나는 찬성하고 다른 하나는 반대하는 것은 비합리적인 판단이다.

제2장. 부자까지 주면 부자들이 더 많이 부담한다. 기본소득의 계층별 순부담을 계산해 본다. 기본소득의 가장 큰 특징은 중산층을 순수혜자로 만들고 고소득층의 순부담을 늘리는 것이다. 소득분배가 불평등할수록 소수의 고소득층이 순부담자가 된다.

제3장. 가난한 사람에게 몰아줄수록 가난한 사람이 적게 받는다. 복지 예산 100만 원이 마련됐다고 할 때 10명에게 나눠 주면 1인당 10만 원씩 소득이 증가하지만, 1명에게 몰아주면 100만 원이 증가한다. 그러나 장기적인 효과는 반대일 수 있다.

제4장. 적게 걷는 것보다 많이 걷는 것이 쉬울 수 있다. 선별소득보장을 위해서 10만 원의 세금을 부과하는 것보다 기본소득을 위해서 100만 원의 세금을 부과하는 것이 더 쉬울 수 있다.

제5장. 일하라고 안 해도 더 많이 일한다. 기본소득은 선별소득보장보다 노동 유인이 더 크다. 어떤 대통령이 소득세율을 100%로 매긴다면 미친 사람이라고 할 것이다. 그런데 선별소득보장은 바로

가난한 사람들의 소득세율을 100%로 만드는 정책이다.

제6장. 많이 나눌수록 나눌 것이 많아진다. 선별소득보장은 확대할수록 일자리를 감소시키지만 기본소득은 그렇지 않다. 선별소득보장은 일자리 감소 효과로 인하여 기본소득보다 순부담이 더 커지고 순조세율이 더 높아질 수 있다.

제2부에서는 기본소득의 두 가지 경제적 효과를 살펴본다.

제7장. 기본소득이 일자리에 미치는 효과를 실험의 결과를 통해서 살펴본다. 비교의 기준을 선별소득보장으로 정하느냐 복지가 없는 상태로 정하느냐가 중요하다는 것을 설명한다. 나미비아, 인도, 미국에서의 실험 결과를 살펴보고, 미국 기본소득운동의 역사를 살펴본다.

제8장. 기본소득이 임금에 미치는 효과를 이론적 접근을 통해서 살펴본다. 임금을 낮춘 것으로 잘못 소개된 스핀햄랜드 복지제도는 임금보조금이었지 기본소득이 아니었다. 영화 ≪뷰티풀 마인드 Beautiful Mind≫로 유명한 존 내쉬John Nash의 협상 이론을 소개하고 그것을 응용해서 기본소득이 임금을 낮추지 않는다는 것을 설명한다.

제3부에서는 4차 산업혁명과 기본소득의 관계에 대하여 살펴본다.

제9장. 4차 산업혁명의 특징에 대하여 살펴본다. 4차 산업혁명의 기술적 특징으로부터 기본소득에 대한 권리를 도출하고, 4차 산업혁명의 경제적 특징으로부터 기본소득의 필요성을 도출한다.

제10장. 불안정노동의 확산과 관련하여 기본소득의 필요성에 대하여 살펴본다. 불안정노동자를 정의하고 그 규모를 추정해 본다. 불안정노동자를 기존의 선별소득보장 방식으로 보호하는 것은 비효율적이고 불공정하다는 것을 살펴본다.

제11장. 공동부共同富 수입의 공정한 분배 방법에 대하여 살펴본

다. 협력 게임이론의 맥락에서 섀플리 가치Shapley value 개념을 소개하고 그것에 기초해서 4차 산업혁명의 핵심 발명품인 인공지능의 개발에 우리가 기여한 몫이 얼마나 될지 추정해 본다.

제4부에서는 기본소득의 재정 모델에 대하여 살펴본다.

제12장. 기본소득의 재원 마련 방안에 대하여 살펴본다. 재원 마련 방법에는 조세, 공동자산으로부터의 수익, 화폐제도 개혁 등이 있을 수 있는데, 여기서는 미국의 조세개혁을 소개하고, 기본소득 과세 원칙을 세운 뒤 그 원칙에 따라 시민소득세, 환경세, 토지세를 부과하는 방안에 대해서 검토한다.

제13장. 하나의 재정 모델을 제시한다. 이 모델 아래서 순수혜 가구의 비율이 얼마나 되는지 살펴본다. 이 재정 모델의 정치적 가능성에 대하여 살펴본다.

감사의 말씀

이 책은 사회적 기부 운동에 앞장서시는 정인조 장로님의 격려와 후원에 의해서 시작됐다. 이 기회를 빌려 감사드린다. 그동안 기본소득한국네트워크를 만들고 함께 운영하면서 수많은 토론을 해 주신 네트워크 운영위원들과 '한신대 4차산업혁명과 기본소득 SSK' 팀에 같이 참여한 분들에게 감사드린다.

이 책은 필자의 수년간에 걸친 연구 결과를 종합하고 추가한 것이다. 기초가 되는 논문과 저서들은 참고 문헌에 실었고 필요에 따라 본문 중에 소개했다.

제1부 기본소득의 역설들

기본소득은 마련된 재원을 모든 사람에게 1/n로 나누어 주는 아주 간단한 정책이다. 그러나 그 효과는 매우 복잡하고 흥미롭다. 제1부에서는 기본소득의 경제학적 특성을 이해할 수 있는 여섯 가지 역설을 다루었다.[*]

---

[*] 제1부의 제1장~제3장은 이전의 연구(정원호, 이상준, 강남훈, 2016)를 수정한 것이다.

제1장 일부에게 주나 모두에게 주나 마찬가지다

선별소득보장과 동등한 기본소득

기본소득은 모두에게 일정한 소득을 보장해 주는 정책이고, 선별소득보장은 가난한 사람 일부를 선별해서 소득을 보장해 주는 정책이다. 우리나라에서 기초생활 보장 제도와 구직수당은 선별소득보장에 속한다.

선별소득보장에는 찬성하지만 기본소득에는 반대하는 사람이 있다. 가난한 사람을 도와주는 것은 바람직하지만 중산층 이상을 도와주는 것은 불필요하다고 생각하기 때문일 수도 있고, 모든 사람에게 무조건 돈을 주는 것은 게으름을 부추긴다고 생각하기 때문일 수도 있다. 그런데 만약 기본소득을 가지고 선별소득보장과 동등한 재분배 효과가 되도록 만든다면 어떻게 할 것인가? 동등한 것을 두고 하나는 좋아하고 다른 하나를 싫어할 이유는 없어질 것이다.

다음의 〈표 1.1.1〉을 살펴보자. 저, 중, 고, 세 가지 계층이 있고 계층별로 한 사람씩 있다고 가정한다. 세 사람의 시장소득은 각각 0원, 200만 원, 800만 원이라고 한다. 정부가 소득이 0원인 저소득층 사람

〈표 1.1.1〉 선별소득보장의 재분배 효과 (단위: 만 원)

정책	선별소득보장			
계층	저	중	고	계
소득	0	200	800	1,000
보조금	30	0	0	30
세금	0	6	24	30
세율	0%	3%	3%	
순수혜	30	− 6	− 24	0

에게 30만 원의 보조금을 주기로 결정했다고 하자. 그러면 30만 원의 예산이 필요할 것이다. 30만 원의 예산은 소득이 있는 중산층과 고소득층에 과세를 해서 충당한다고 가정한다. 이와 같이 어떤 정책에 필요한 예산만큼 세금을 걷어서 실시함으로써 재정에 추가적인 부담이 되지 않도록 하는 정책을 "재정중립적 정책"이라 부른다.

세 사람의 소득의 합계가 1,000만 원이므로, 30만 원의 재원을 확보하기 위해서는 3%의 세율로 과세하면 된다. 이와 같이 모든 사람에게 동일한 세율로 과세하는 것을 "비례세"라고 부른다. 납부해야 할 세금은 각각 0만 원, 6만 원, 24만 원이다.

합리적인 의사 결정을 위해서는 보조금이나 세금 어느 한쪽만을 가지고 판단하면 안 된다. 받는 돈과 내는 돈을 모두 고려해야 한다. 그렇게 하기 위해서, 보조금에서 세금을 뺀 값을 계산해 보자. 이것을 "순수혜"라고 정의한다. 세 사람의 순수혜는 각각 30만 원, -6만 원, -24만 원이 된다. 순수혜가 양수(+)인 사람을 "순수혜자"라고 부르고, 순수혜가 음수(-)인 사람을 "순부담자"라고 부르자. 선별소득보장은 저소득층을 순수혜자로 만들고 중산층과 고소득층을 순부담자로 만드는 정책이라는 것을 알 수 있다.

이제 세 사람 모두에게 30만 원씩을 주는 기본소득 정책을 가지고 동일한 재분배 효과가 나오도록 만들어 보자.

〈표 1.1.2〉 선별소득보장과 동등한 기본소득 (단위: 만 원)

정책	선별소득보장				동등한 기본소득			
계층	저	중	고	계	저	중	고	계
소득	0	200	800	1,000	0	200	800	1,000
보조금	30	0	0	30	30	30	30	90
세금	0	6	24	30	0	36	54	90
세율	0%	3%	3%		0%	18%	6.75%	
순수혜	30	-6	-24	0	30	-6	-24	0

〈표 1.1.2〉의 왼쪽 선별소득보장 정책은 앞의 표와 동일한 것이다. 오른쪽의 정책(동등한 기본소득)은 세 사람 모두에게 30만 원씩의 보조금을 주는 정책이므로 기본소득 정책이다. 기본소득을 위해서 예산 90만 원이 필요하므로 재정중립적인 정책이 되도록 하기 위해서는 90만 원의 세금을 걷어야 한다. 그런데 우리는 순수혜가 왼쪽 선별소득보장과 동일하게 되도록 만들려고 한다. 그렇게 만들기 위해서 저소득층에게는 세금을 걷지 않고 중산층에게는 36만 원의 세금을 걷고 고소득층에게는 54만 원의 세금을 걷는다. 순수혜를 계산해 보면 각각 30만 원, -6만 원, -24만 원으로 선별소득보장과 동일하다는 것을 확인할 수 있다.

어떠한 선별소득보장이라고 할지라도 재분배 효과가 동등한 기본소득정책을 만들 수 있다. 한편으로는 선별소득보장과 동일한 금액을 모두에게 기본소득으로 지급하면서, 다른 한편으로는 선별소득보장 대상자에게는 세금을 걷지 않고 나머지 사람들에게는 선별소득보장 하에서 내야 할 세금에다가 기본소득을 더한 금액만큼을 세금으로 걷으면 된다.

재정환상

위의 선별소득보장은 기본소득과 재분배 효과 측면에서 동등하다. 어떤 중산층이 기본소득의 경우에는 세금 36만 원을 내야 하지만 선별소득보장의 경우에는 6만 원만 내면 되기 때문에 선별소득보장을 선호한다고 가정해 보자. 이 사람은 보조금은 고려하지 않고 세금만 고려해서 비합리적인 판단을 내리고 있다. 36만 원을 내고 30만 원을 받으면 결국은 6만 원만 내는 셈인데, 그것을 깨닫지 못하고 있는 것이다. 이와 같이 보조금과 세금을 종합적으로 고려하지 못하고 보조금이나 세금 중 어느 하나만 고려해서 판단을 내리는 현상을 "재정환상fiscal illusion"이라고 부른다. 재정환상이 없다면 선별소득보장과 그와 동등한 기본소득은 무차별하게 판단해야 한다.

재정환상의 또 하나의 형태는 순조세를 기준으로 하지 않고 명목조세를 기준으로 판단하는 것이다. 조세 총액은 선별소득보장의 경우에는 30만 원이고 기본소득의 경우에는 90만 원이다. 형식적으로 납부하는 조세를 "명목조세"라고 부르고, 되돌려 받는 것을 빼고 실질적으로 납부하는 조세를 "순조세"라고 불러 보자. 기본소득은 명목조세가 세 배나 된다. 기본소득에 반대하는 언론이 있다면 기본소득을 "세금 폭탄"이라고 부르면서 공격을 할 것이다. 그러나 이것은 재정환상을 부추기는 선동적 수법이다. 위의 예에서 두 정책은 동등한 정책이므로 순조세도 동일해야 한다. 기본소득 정책에서 중산층과 고소득층은 합쳐서 조세 90만 원을 납부하지만 60만 원을 되돌려 받으니까 실제로 내는 금액은 30만 원이 되어 선별소득보장과 동일하다.

기본소득의 장점

지금까지 살펴본 바와 같이 기본소득은 재분배 측면에서 선별소득보장과 동등한 정책으로 만들 수 있다. 그러나 재분배 측면에서 동등한 정책이라도 다른 측면에서는 차이가 날 수 있다.

먼저 행정비를 생각해 보자. 선별소득보장은 세금을 걷는 행정비가 들고 보조금을 지급하는 행정비도 든다. 보조금은 저소득층에게만 나누어주므로 신청을 받아서 저소득층 여부를 선별해야 한다. 행정비에는 행정기관에서 서류를 검토해서 선별하는 비용뿐만이 아니라 신청자가 서류를 준비할 때 들어가는 비용도 포함되어야 한다. 관련 행정기관도 두 군데 이상이다. 예를 들어, 세금은 세무서에서 걷지만 보조금은 복지부에서 나누어 줄 것이다. 반대로 기본소득은 보조금을 지급하는 행정비가 들지 않는다. 전 국민의 계좌(가상 계좌)에 인터넷으로 30만 원씩 입금시키면 끝난다. 선별소득보장에 찬성하는 입장이라면 그와 동등한 재분배 효과를 갖는 기본소득에 더욱 찬성해야 한다. 효과는 동등하면서 행정비가 절약되기 때문이다.

그런데 두 정책 사이에는 행정비 말고 더 중요한 차이가 있다. 선별소득보장은 신청자에게 낙인을 찍는 효과를 낳는다. 신청하는 순간 저소득층이라는 것이 드러나기 때문이다. 그런데 기본소득에는 낙인효과가 없다. 아무도 신청할 필요가 없기 때문이다. 낙인효과는 아주 강력해서 일부의 저소득층 사람들은 자격이 되더라도 신청을 안 한다. 다른 사람들이 자기를 바라보는 눈길보다도 자기가 자기를 바라보는 눈길이 더 무섭다. 노숙자 재활 프로그램에서 알 수 있듯이, 한 번 상실된 자긍심은 좀처럼 회복하기 힘들다. 철학자 존 롤스John Raws가 모든 사람에게 균등하게 분배해야 마땅한 기본재primary goods 중에 자긍심self-respect을 넣고, 그것을 "가장 중요한 기본재"(Rawls, 1971, p. 386)라고 규정한 데에는 다 이유가 있는 것이다.

행정비와 밀접한 연관되는 것으로 선별소득보장의 불공정성을 들 수 있다. 불공정한 결과가 생기는 요인은 세 가지로 나눌 수 있다. 첫째는 행정 착오로 인한 불공정. 자격이 있는데도 탈락하거나 자격이 없는데도 선정될 수 있다. 둘째는 도덕적 해이로 인한 불공정. 신청자들이 자신의 처지를 속이면 이득을 보게 된다. 0~5세 보육료를 하위 70%만 지원하던 시절에 다음과 같은 일은 흔한 일이었다.

주부 정 모(36·서울 구로구) 씨는 "정부에선 중산층까지 지원한다고 하지만 서울에 작은 아파트라도 있으면 지원이 안 된다"며

"친구는 남편의 월급을 최저임금으로 속여 지원을 받고 있고, 집이나 차 명의를 바꿔서 지원받는 경우도 많다"고 전했다. 익명을 요구한 한 워킹 맘(36)도 "은행에 다니는 지인이 강남의 아파트와 빌라 두 채, 수입 자동차까지 갖고 있으면서도 명의를 부모님 앞으로 해서 보육료 지원을 받는 걸 보니 억울하단 생각이 들었다"며 "우리는 전세금, 예금, 자동차를 포함하니 지원 대상이 안 될 것 같아 명의 이전을 준비하고 있다"고 털어놨다. (『세계일보』 2011년 2월 7일)

셋째로 경제적 지위나 자산의 변동으로 인한 불공정. 매년 12월에 자격 심사를 해서 다음 1년 동안 보조금을 지급한다면, 1월에 실직한 사람은 1년 동안 억울하게 못 받게 되고, 1월에 상속을 받은 사람은 1년 동안 부당하게 받게 된다.

이상을 종합하면, 어떤 이유에서든 선별소득보장을 찬성하는 사람은 그것과 재분배 효과가 동일하면서 행정비가 적게 들고 낙인효과가 없어서 인권 측면에서 바람직하고 불공정한 결과가 생기지 않는 기본소득에 대하여 반대할 이유가 하나도 없고 오히려 적극적으로 찬성해야 할 것이다.

제2장 부자까지 주면 부자들이 더 많이 부담한다

기본소득(역진세)

앞 장에서 선별소득보장의 계층별 순부담을 계산해 보았고 기본소득을 계층별 순부담이 그와 동등하게 만들 수 있다는 것을 보였다. 그런데 선별소득보장과 동등한 기본소득은 한 가지 정치적으로 실현하기 힘든 속성을 가지고 있다. 이것을 확인해 보자.

〈표 1.2.1〉 선별소득보장과 동등한 기본소득 (단위: 만 원)

정책	선별소득보장				기본소득(역진세)				기본소득(비례세)			
계층	저	중	고	계	저	중	고	계	저	중	고	계
소득	0	200	800	1,000	0	200	800	1,000	0	200	800	1,000
보조금	30	0	0	30	30	30	30	90	30	30	30	90
세금	0	6	24	30	0	36	54	90	0	18	72	90
세율	0%	3%	3%		0%	18%	6.75%		0%	9%	9%	
순수혜	30	− 6	− 24	0	30	− 6	− 24	0	30	12	− 42	0

위의 〈표 1.2.1〉의 왼쪽과 가운데는 앞의 〈표 1.1.2〉를 그대로 옮긴 것이다. 다만 "동등한 기본소득"이라는 항목을 "기본소득(역진세)"로 바꾸었다. 선별소득보장 하에서는 중산층과 고소득층은 모두 3%의 세율로 세금을 냈지만, 동등한 기본소득 하에서 중산층은 36만 원의 세금을 냈으니 18%(36÷200)의 세율이 되고 고소득층은 54만 원의 세금을 냈으니 6.75%(54÷800)의 세율이 된다. 중산층의 세율이 고소득층의 세율보다 높아진다. 이와 같이 소득이 높을수록 세율이 낮아지는 세금을 "역진세"라고 부른다. 반대로 소득이 높을수록 세율도 높아지는 세금을 "누진세"라고 부르고, 앞서 보았듯이 모든

소득에 동일한 세율을 적용하는 세금을 "비례세"라고 부른다. 선별소득보장을 그것과 동등한 기본소득으로 바꿔 놓고 보니, 저소득층은 세율이 0으로 가장 낮고 중산층이 세율이 가장 높고 고소득층이 세율이 조금 낮아지는 독특한 구조를 가진 역진세가 됐다. 이것은 동일한 금액이 기준이 달라지면 공평해 보이기도 하고 불공평해 보이기도 하는 현상이다. 가난한 사람만 보조금을 받을 권리가 있다고 생각하면 공평해 보이던 정책이 모든 사람이 보조금을 받을 권리가 있다고 생각하면 불공평하게 보이는 것이다.

중산층을 순수혜자로

역진세는 정치적으로 실현되기 힘든 정책이다. 대중들에게 알려지지 않으면 몰라도 알려지면 유지할 수 없다. 정치적으로 실현 가능하려면 누진세 내지 비례세가 되어야 한다. 기본소득을 주면서 중산층과 고소득층을 비례세(동일한 세율)로 과세하면 〈표 1.2.1〉의 오른쪽에 있는 기본소득(비례세) 정책이 된다. 기본소득(비례세) 정책에서 90만 원의 예산을 확보하려면 9%의 세율로 과세해야 한다. 그렇게 하면, 중산층의 세금은 18만 원이 되고 고소득층의 세금은 72만 원이 된다. 저소득층의 순수혜는 30만 원으로 이전과 마찬가지이지만, 중산층의 순수혜는 - 6만 원에서 +12만 원으로 바뀌게 된다. 고소득층의 순수혜는 - 24만 원에서 - 42만 원으로 되어 부담이 늘어나게 된다.

선별소득보장은 중산층을 순부담자로 만들지만, 기본소득(역진세는 정치적으로 어려우므로 앞으로 그냥 기본소득이라고 하면 "비례세 기본소득"을 의미하는 것으로 한다)은 중산층을 순수혜자로 만들고 고소득층의 부담을 더 크게 만든다. (누진세 기본소득도 비례세 기본소득처럼 중산층을 순수혜자로 만든다. 누진세 기본소득은 고소득층의 부담을 비례세 기본소득보다 더 크게 만든다.)

　　이러한 기본소득의 재분배 효과는 시장소득의 분포에 따라 달라질 수 있다. 다음의 〈표 1.2.2〉를 살펴보자.

〈표 1.2.2〉 시장소득 불평등에 따른 기본소득 효과의 변화

상태	불평등 클 때								불평등 작을 때							
정책	선별소득보장				기본소득				선별소득보장				기본소득			
계층	저	중	고	계	저	중	고	계	저	중	고	계	저	중	고	계
소득	0	200	800	1,000	0	200	800	1,000	0	400	600	1,000	0	400	600	1,000
보조금	30	0	0	30	30	30	30	90	30	0	0	30	30	30	30	90
세금	0	6	24	30	0	18	72	90	0	12	18	30	0	36	54	90
세율	0%	3%	3%		0%	9%	9%		0%	3%	3%		0%	9%	9%	
순수혜	30	-6	-24	0	30	12	-42	0	30	-12	-18	0	30	-6	-24	0

　　표의 왼쪽은 중산층과 고소득층의 시장소득 차이가 커서 불평등이 클 때다. 불평등이 크건 작건 선별소득보장보다는 기본소득이 중산층의 부담을 줄이고 고소득층의 부담을 늘린다. 단, 불평등이 클수록 고소득층의 부담이 더 많이 늘어난다. 표의 왼쪽인 불평등이 클 때는 선별소득보장을 기본소득으로 바꾸면 고소득층의 부담이 24만 원에서 42만 원으로 18만 원 늘어나지만, 표의 오른쪽인 불평등이 작을 때에는 18만 원에서 24만 원으로 6만 원 늘어난다. 부자에게까지 기본소득을 주면서 비례세나 누진세로 재원을 마련하면 부자들의 부담이 커진다. 이것이 바로 이건희 손자에게도 기본소득을 지급해야 하는 이유 중의 하나다.

　　기본소득이 중산층을 순수혜자로 만든다는 특성은 시장소득의 불평등이 큰 경우에만 나타난다. 표의 오른쪽을 보면 중산층과 고소득층의 시장소득 차이가 작을 때에는 기본소득은 중산층의 부담을

12만 원에서 6만 원으로 줄이기는 하지만 순수혜자로까지는 만들지 않는다.

신자유주의 이래로 세계적으로 중산층과 고소득층의 소득 격차가 매우 커졌다. 이미 우리 경제에서 중산층은 절반 이상이 비정규직이다. 경제적 지위도 계속 악화되고 있다. 4차 산업혁명이 진행되면서 이 격차는 더욱 확대되고 있다. 이런 상황에서 기본소득은 중산층을 순수혜자로 만드는 효과가 있다고 확실하게 말할 수 있다. 중산층과 고소득층의 격차가 확대되고 있는 상황에서 중산층을 순수혜자로 만드는 기본소득은 불평등을 줄이고 사회를 안정시키는 중요한 역할을 할 것이다. 이것이 바로 기본소득의 필요성이다.

결국 선별소득보장이냐 기본소득이냐 대립은 저소득층만을 순수혜자로 만들고 중산층과 고소득층을 순부담자로 만들 것이냐 저소득층과 중산층을 순수혜자로 만들고 고소득층을 순부담자로 만들 것이냐의 대립이다. 그런데 중산층의 지위가 악화되고 있는 것이 오늘날 경제의 가장 큰 문제다. 중산층의 지위가 악화될수록 중산층을 순수혜자로 만드는 기본소득의 효과가 중요해진다. "문제는 중산층이야, 바보야."

밀튼 프리드먼

앞서 우리는 선별소득보장과 동일한 재분배 효과를 내는 기본소득을 만들 수 있다는 것을 보였다. 그것이 바로 역진세 기본소득이었다. 그리고 기본소득을 실시하기로 하면 역진세는 정치적으로 어렵기 때문에 비례세 기본소득 내지 누진세 기본소득을 실시할 수밖에 없다는 것을 설명했다. 그런데 비례세 기본소득과 동일한 재분배 효과를 갖는 선별소득보장 정책을 만드는 것도 가능할까?

〈표 1.2.3〉 기본소득과 동등한 마이너스소득세

정책	기본소득(비례세)				마이너스소득세			
계층	저	중	고	계	저	중	고	계
소득	0	200	800	1,000	0	200	800	1,000
보조금	30	30	30	90				
세금	0	18	72	90	−30	−12	42	0
세율	0%	9%	9%					
순수혜	30	12	−42	0	30	12	−42	0

가능하다. 〈표 1.2.3〉의 왼쪽에는 기본소득(비례세)의 효과가 나타나 있다. 앞에서 설명한 대로 저소득층은 30만 원의 순수혜, 중산층은 12만 원 순수혜, 고소득층은 42만 원의 순부담을 지게 된다. 이것과 동등한 재분배 효과를 가진 선별소득보장을 만들기 위해서는 고소득층에게는 42만 원의 세금을 걷으면서, 중산층에게는 마이너스세금 12만 원을 걷고(12만 원을 주고), 저소득층에게는 30만 원 마이너스세금을 걷으면(30만 원을 주면) 된다. 기본소득처럼 한편으로 보조금을 주면서 다른 한편으로 세금을 걷는 방식으로 두 번 일을 하는 것이 아니라, 한 번에 고소득층에게 걷어서 중산층과 저소득층에게 나누어주는 것이다. 고소득층은 받는 것이 없고 중산층과 저소득층은 내는 것이 없다는 것이 기본소득과의 차이점이다.

이것이 바로 1976년 노벨 경제학상를 수상한 밀튼 프리드먼Milton Friedman이 주장한 "마이너스소득세negative income tax"다. 마이너스소득세에서 소득이 없는 사람에게 지급되는 보조금(30만 원)을 "기초보조금"이라고 부르자. 이것은 보조금의 최대한이다. 소득이 있는 사람에게 지급되는 보조금은 기초보조금에서 삭감된다(중산층 12만 원). 위의 예에서 삭감되는 보조금의 크기는 소득의 9%다. (우리 예에서 보조금은 "기초보조금 − 소득 × 0.09"로 결정된다.) 소득이 일정 수준을 넘어서면 마이너스보조금, 즉 세금을 내야 한다(고소득층 42만 원).

프리드먼은 마이너스소득세의 장점을 다음과 같이 들고 있다. ① 특정한 범주의 사람을 돕는 것이 아니라 가난한 사람을 돕는 것이다. 최저임금, 노령수당, 노동조합보호법 등에 해당되는 특정한 범주의 사람을 돕는 정책은 대상자가 끝없이 이어지게 되는 단점을 가지고 있다. ② 시장의 기능을 왜곡하거나 방해하지 않는다. 보조금, 최저임금, 관세 등은 시장을 왜곡한다(Friedman, 1962, pp. 157~158). ③ 가난한 사람에게 직접 현금을 줌으로써 빈곤 탈출 효과가 분명하다. ④ 소요되는 사회적 비용이 얼마인지 분명하게 드러난다. ⑤ 시장의 바깥에서 작동한다. 노동 유인을 줄이기는 하지만 다른 선별소득보장 정책처럼 완전히 없어지는 않는다(Friedman, 1962, p. 158).

밀튼 프리드먼이 나열한 마이너스소득세의 장점들은 한 가지만 제외하고 기본소득에도 그대로 적용된다. ④번 성질이다. 기본소득에서는 명목조세와 실질조세의 차이가 크다. 기본소득은 순조세가 42만 원이지만 명목조세가 90만 원이다. 마이너스소득세에서는 명목조세와 순조세가 일치한다. 기본소득은 재정환상을 일으킬 위험이 있는데, 마이너스소득세는 그렇지 않다.

그러나 마이너스소득세는 기본소득이 갖고 있는 장점 중 중요한 것 하나가 없다. 행정비 문제다. 현대 국가에서 소득세는 매월 예상액을 납부하다가 연말에 한번 정산한다. 그런데 마이너스소득세를 매달 지급하려고 한다면 매달 소득을 조사해야 한다. 막대한 행정비를 고려하면 거의 불가능한 일이다. 매달 소득을 조사하다 보면 도덕적 해이 가능성도 커진다. 결국 어느 정도의 금액을 매달 지급하고 연말에 한번 세금을 정산할 때 함께 정산하는 것이 현실적인 방법일 것이다. 이렇게 되면 매달 정액을 지급하고 연말에 한번 기본소득세를 걷는 기본소득으로 되돌아가게 된다.

세계적으로 기본소득네트워크 안에서는 마이너스소득세를 바라보는 두 가지 입장이 있다. 하나는 기본소득과 재분배 효과가 동일하므로 사실상 동일한 것으로 바라보는 입장이다. 기본소득의 목적을 최소소득보장으로 바라보는 사람들 사이에 이런 경향이 강하다. 미국과 캐나다의 기본소득네트워크는 이런 입장을 취하는 사람들이 많다. 다른 하나는 기본소득과 재분배 효과가 동일하고 여러 장점을 공유하고 있다고 하더라도 근본적인 차이가 나는 정책으로 바라보는 입장이다. 기본소득을 공유부共有富 배당으로 바라보는 사람들 사이에 이런 경향이 강하다. 기본소득한국네트워크에는 이런 입장을 취하는 사람들이 많다. 이들은 소득을 조사해서 사람마다 다른 금액을 지급하느냐 아니면 소득 조사 없이 동일한 금액을 지급하느냐를 마이너스소득세와 기본소득의 근본적 차이로 본다. 필자는 기본소득을 공유부로 바라보는 기본소득한국네트워크 입장에 동의하지만, 마이너스소득세가 실제로 실행된다면 막대한 행정비 때문에 머지않아 기본소득 방식으로 가게 될 것이므로 굳이 차이를 드러내지 않아도 된다는 생각이다.

제3장 가난한 사람에게 몰아줄수록 가난한 사람이 적게 받는다

재분배의 역설

복지 예산 100만 원이 마련됐다고 할 때, 10명에게 나눠주면 가처분소득이 1인당 10만 원씩 늘어나지만 1명에게 몰아주면 100만 원이 늘어난다. 이 책에서는 복지 및 조세 후 소득(= 시장소득 + 보조금 - 세금)을 "가처분소득"으로 줄여서 부르려고 한다. 기본소득으로 조금씩 나누어주는 것보다 한 사람이라도 확실하게 빈곤에서 벗어나게 만드는 것이 좋아 보일 수 있다. 단기적으로는 가난한 사람에게 몰아줄수록 가난한 사람이 많이 받게 된다. 그러나 장기적인 효과는 그렇지 않을 수 있다. 그 이유를 살펴보자.

코르피 교수와 팔메 교수는 선진국들의 복지제도를 조사하다가 이상한 현상 한 가지를 발견했다(Korpi and Palme, 1998). 그것은 저소득층에 집중해서 복지를 주는 나라일수록 저소득층에게 적은 금액이 재분배되는 현상이다. 〈그림 1.3.1〉을 보자.

그림의 가로축은 코르피와 팔메가 만든 저소득층 집중 지수다. 가로축에서 왼쪽으로 갈수록 복지 예산의 대부분을 저소득층을 위해서 쓰는 나라이고, 오른쪽으로 갈수록 부자들까지 골고루 나누는 나라다. 그림의 세로축은 소득재분배 규모를 나타내는 지표로서, 복지 정책이 시장소득의 불평등 정도(지니계수)를 얼마나 줄이는지, 간단히 말해서 가난한 사람들에게 얼마나 많이 분배되는지를 나타낸다. 그림에서 확인할 수 있듯이, 가난한 사람에게 몰아주는 나라일수록 가난한 사람들에게 적게 분배된다. 가난한 사람에게 몰아줄수록 가

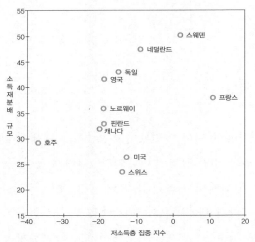

〈그림 1.3.1〉 재분배의 역설

자료: Korpi and Palme(1998)

난한 사람에게 불리한 것이다.

　코르피와 팔메는 이런 현상을 "재분배의 역설paradox of redistribution" 이라고 불렀다. 그리고 다음의 식을 가지고 이런 현상이 나타나는 원인을 찾아보려고 했다.

　　저소득층에게 재분배되는 금액 = 저소득층 집중 지수 × 복지 규모

　위의 식은 항등식이다. 복지 규모가 일정할 때 저소득층 집중 지수가 클수록 저소득층에게 더 많이 재분배된다. 따라서 저소득층 집중 지수가 클수록 저소득층에게 재분배되는 금액이 적어진다는 것은 저소득층에 집중할수록 복지 규모가 작아진다는 것을 의미한다. 즉, 저소득층에 집중할수록 복지 규모가 적어지는 관계가 나타나는 것이다. 그 이유는 무엇일까?

재분배의 역설이 생기는 이유

제2장에 만든 표를 가지고 설명해 보자. 선별소득보장 지급액을 30만 원에서 40만 원으로 인상하고 그만큼 조세를 더 걷는 정책의 재분배 효과를 〈표 1.3.1〉에 표시했다. 선별소득보장 금액이 늘어나면 고소득층의 부담이 24만 원에서 32만 원으로 증가할 뿐만 아니라 중산층의 부담도 6만 원에서 8만 원으로 증가하게 된다. 이 정책은 중산층과 고소득층이 반대할 것이므로 정치적으로 실현되기 어렵다.

〈표 1.3.1〉 선별소득보장 금액을 늘릴 때 재분배 효과 (단위: 만 원)

정책	선별소득보장				선별소득보장 금액 인상			
계층	1	2	3	계	1	2	3	계
소득	0	200	800	1000	0	200	800	1000
보조금	30	0	0	30	40	0	0	40
세금	0	6	24	30	0	8	32	40
세율	0%	3%	3%		0%	4%	4%	
순수혜	30	−6	−24	0	40	−8	−32	0

이에 비해서 기본소득 금액을 30만 원에서 40만 원으로 늘릴 때의 효과는 〈표 1.3.2〉에 표시했다. 고소득층의 순부담은 42만 원에서 56만 원으로 늘어나지만 중산층의 순수혜는 12만 원에서 16만 원으로 늘어난다. 기본소득 금액을 늘리는 데 저소득층과 중산층이 찬성할 것이므로 정치적으로 실현 가능하다고 할 수 있다.

〈표 1.3.2〉 기본소득 금액을 늘릴 때의 재분배 효과 (단위: 만 원)

정책	기본소득				기본소득 금액 인상			
계층	1	2	3	계	1	2	3	계
소득	0	200	800	1000	0	200	800	1000
보조금	30	30	30	90	40	40	40	120
세금	0	18	72	90	0	24	96	120
세율	0%	9%	9%		0%	12%	12%	
순수혜	30	12	−42	0	40	16	−56	0

두 나라가 동일한 규모의 복지 재원을 가지고 한 나라는 선별소득보장을 선택하고 다른 나라는 기본소득을 선택했다고 가정해 보자. 처음에는 선별소득보장을 선택한 나라의 가난한 사람들은 훨씬 더 높은 복지를 누릴 것이다. 그러나 이 나라는 다음 선거에서 선별소득보장 금액을 늘리겠다고 공약하는 정당이 집권할 가능성이 낮다. 이에 반해서 기본소득으로 시작한 나라에서는 기본소득 금액을 늘리겠다고 공약하는 정당이 집권할 가능성이 높다. 선거를 서너 번만 치루면 기본소득을 선택한 나라의 가난한 사람들이 더 높은 복지를 누리게 될 가능성이 있다. 선거를 열 번 정도 치루면 거의 확실하게 역전될 것이다. 코르피와 팔메는 "로빈 후드 정책"보다 "마태 정책"이 가난한 사람에게 더 유리하다고 비유적으로 말했다.

우리나라에서도 재분배의 역설이라는 현상이 나타나고 있을까? 1999년에 도입되어 2000년부터 실시된 기초생활 보장 제도는 20년이 다 되어 가는데도 수급 대상자가 거의 확대되지 못하고 있다. 복지 단체에서 부양 의무자 조건을 폐지해 달라고 아무리 외쳐도 수용되지 않고 있다. 이에 반해서 2009년에 김상곤 경기도교육감에 의해서 시작된 무상급식은 2010년 지방선거에서 전국적으로 확산됐고 2012년 대선에서 무상보육과 기초연금 공약을 끌어내는 기폭제가 됐다. 2017년 대선에서는 기초연금 인상과 아동수당이 공약으로 제시됐다. 우리나라에서도 중산층을 수혜 대상으로 하는 기본소득에 가까운 형태의 복지는 확대가 빠르고 저소득층에 집중하는 선별소득보장 형태의 복지는 확대가 느리다는 것을 알 수 있다.

제4장 적게 걷는 것보다 많이 걷는 것이 쉬울 수 있다

재원 마련 문제

앞 장에서는 동일한 복지 예산을 가지고 소득보장을 시작할 때 단기적으로는 선별소득보장 하에서 가난한 사람이 더 많이 받게 되지만 장기적으로는 기본소득 하에서 가난한 사람이 더 많이 받게 될 수 있다는 것을 살펴보았다. 이 장에서는 이 문제를 다른 각도에서 바라보려고 한다. 선별소득보장과 기본소득을 위하여 정치적 합의에 의해서 마련할 수 있는 예산이 다르다면 어떻게 될 것인지 살펴보려고 한다.

기본소득은 막대한 예산이 드는 정책이다. 1인당 월 30만 원씩 5,000만 명에게 지급하려면 1년에 180조 원의 세금을 걷어야 한다. 2019년도 정부 예산 470조 원의 38%, GDP 1,800조 원의 10%에 해당되는 금액이다. 물론 앞 장에서 설명한 바와 같이 이것은 명목조세이고, 순조세는 과세 방법에 따라 달라지지만 대략 90조 원 전후가 될 것이다. 그러나 순조세 90조 원도 매우 큰 금액이다. 하위 10% 사람들 500만 명에게 부양 의무자 조건 없이 월 60만 원씩 선별소득보장을 하는 데에는 36조 원이면 충분하다. 선별소득보장이 기본소득보다 훨씬 적은 금액으로 빈곤을 없앨 수 있지 않을까?

이런 질문은 한 가지 중요한 사실을 전제로 하고 있다. 선별소득보장을 위하여 36조 원을 걷는 것이 기본소득을 위하여 180조 원을 걷는 것보다 액수가 작기 때문에 정치적 합의가 더 쉬울 것이라는 전제다. 이 전제가 합리화될 수 있을까?

근로소득의 분포

실제 자료에 기초한 시장소득 분포 모델을 만들어 보자. 다음의 〈표 1.4.1〉은 2016년 연말정산을 한 17,740,098명의 근로소득의 천분위 자료에 기초해서 만든 것이다. 이 자료는 심상정 의원이 국세청으로부터 입수하여 2018년 9월 2일에 공개한 자료다. (https://blog.naver.com/713sim/221350919960. 2019년 1월 13일 접속.)

〈표 1.4.1〉 근로소득 분포 (단위: 만 원)

구간	0.1%	10%	20%	30%	40%	50%	60%	70%	80%	90%	100%
1인당 급여	68,452	7,194	5,126	3,886	3,034	2,400	1,919	1,510	1,050	497	0
1인당 조세	20,877	414	162	67	25	21	3	1	0	0	0
평균 세율	30.50%	5.76%	3.16%	1.71%	0.84%	0.87%	0.18%	0.07%	0%	0%	0%

자료: 국세청. 2016 근로소득 천분위 자료에서 계산

이 표에서 "구간"이란 함은 0.1% 구간을 의미한다. 예를 들어 10% 구간이라 함은 9.9%~10%에 속하는 17,440명(또는 17,441명)의 소득을 평균한 것이다. 최상위 0.1% 구간(0.0%~0.1%)의 1인당 평균 소득은 6억8,452만 원으로, 50% 구간(49.9%~50.0%)의 1인당 평균 소득인 2,400만 원의 28.5배였다. 2016년 연간 근로소득이 2,400만 원이 넘으면 상하 두 집단으로 나눌 때 상위 집단에 속하게 된다. 시장소득분배가 얼마나 불평등한지를 알 수 있다. "평균 세율"은 1인당 근로소득세를 1인당 근로소득으로 나눈 값이다. 평균 세율은 소득이 높을수록 높아지는 누진적 경향을 보이지만, 어떤 구간에서는 그렇지 못하다. 위의 표에서 보면 40%구간보다 50%구간의 평균 세율이 더 높다. 이것은 각종 공제 제도 때문 생기는 불공정한 현상이다.

정치적으로 마련 가능한 재원

여기서는 위 표에 나오는 구간 중에서 10% 구간부터 100% 구간까지 구간별로 1명씩 모두 10명이 있는 단순화한 모형을 가지고 재원 마련 문제를 다루어 보려고 한다. 정책을 위해 추가로 납부해야 할 세금은 〈표 1.4.1〉에 나오는 실제로 납부하는 1인당 조세에 비례한다고 가정한다. 즉, 추가로 납부해야 할 세금의 누진적 구조가 위의 표에서 실제로 납부하는 세금의 누진적 구조와 동일하다고 가정한다. 증세는 정치적으로 민감한 사안이라고 생각하여 과반수가 아니라 2/3 이상이 찬성할 때, 즉 7명 이상이 찬성(3명 이하의 반대)할 때에만 할 수 있다고 가정한다.

사람들이 조금이라도 자기에게 손해가 되는 정책에 대해서 반대한다고 가정하면, 즉 어떤 정책으로 인하여 순수혜가 음수가 되는 사람(순부담자)은 무조건 그 정책에 대해서 반대하게 된다. 이것은 사람들이 완전하게 이기적이라는 가정이다. 이 경우에는 아무리 적은 금액의 선별소득보장이라고 할지라도 증세에 기반해서 실행하는 것은 불가능해진다. 위의 모형에서는 7명이 세금을 내고 있으므로, 선별소득보장에 대하여 7명이 반대할 것이다. 선별소득보장을 실시하려면 증세 없이 다른 예산을 절약하든가 명시적으로 증세하지 않고 암묵적으로 증세할 수밖에 없다. 예를 들어 경제성장에 따른 세수 자연 증가분을 활용하는 것이다.

조금 가정을 완화해서, 사람들이 자기 소득의 1% 미만을 증세해서(순부담 비율이 1% 미만) 가난한 사람을 도와주는 정책에는 찬성하지만 그 이상이 되면 반대한다고 가정해 보자. 이것은 사람들이 약간은 이타적이라고 가정하는 것이다. 최하위 사람 1명(사람 10)에게 500만 원을 보조해 주는 선별소득보장의 효과가 〈표 1.4.2〉에 나와

<표 1.4.2> 선별소득보장의 효과: 1명에게 500만 원을 보조 (단위: 만 원)

사람	1	2	3	4	5	6	7	8	9	10	계
소득	7,194	5,126	3,886	3,034	2,400	1,919	1,510	1,050	497	0	26,617
보조금	0	0	0	0	0	0	0	0	0	500	500
세금	299	117	48	18	15	2	1	0	0	0	500
순수혜	−299	−117	−48	−18	−15	−2	−1	0	0	500	0
순수혜 비율	−4.2%	−2.3%	−1.2%	−0.6%	−0.6%	−0.1%	−0.1%	0.0%	0.0%		

있다. 사람 1부터 사람 7까지가 순부담자(순수혜 금액이 음수)가 되지만 순부담 비율이 1%를 넘는 사람은 세 명이다. 따라서 이 정책은 정치적으로 실현 가능하다.

그러나 하위 두 명(사람 9와 사람 10)에게 500만 원씩, 합계 1,000만 원을 보조하는 정책은, <표 1.4.3>에서 확인할 수 있듯이, 사람 1부터 사람 5까지 5명의 순부담이 1% 이상이 되므로 정치적으로 실현 불가능하다.

<표 1.4.3> 선별소득보장의 효과: 2명에게 500만 원씩 보조 (단위: 만 원)

사람	1	2	3	4	5	6	7	8	9	10	계
소득	7,194	5,126	3,886	3,034	2,400	1,919	1,510	1,050	497	0	26,617
보조금	0	0	0	0	0	0	0	0	500	500	800
세금	598	233	96	37	30	5	2	0	0	0	800
순수혜	−598	−233	−96	−37	−30	−5	−2	0	500	500	0
순수혜 비율	−8.3%	−4.6%	−2.5%	−1.2%	−1.3%	−0.3%	−0.1%	0.0%	100.6%		

모두에게 500만 원을 지급하는 기본소득의 효과는 <표 1.4.4>에 나와 있다. 1인당 500만 원씩 합계 5,000만 원의 예산을 확보하기 위해서는 표의 세금 행에 나와 있는 만큼 세금을 추가로 내야 한다. 순수혜를 계산해 보면 10명 중 8명이 순수혜자가 되고 사람 1부터 사람 2까지 2명만 순부담자가 되어, 정치적으로 실현 가능하다. 선별소득보장의 경우 2명에게 500만 원씩 지급하기 위하여 1,000만 원을 증세

<표 1.4.4> 기본소득의 효과: 10명에게 500만 원씩 보조 (단위: 만 원)

사람	1	2	3	4	5	6	7	8	9	10	계
소득	7,194	5,126	3,886	3,034	2,400	1,919	1,510	1,050	497	0	26,617
보조금	500	500	500	500	500	500	500	500	500	500	5,000
세금	2,988	1,167	480	183	150	24	8	0	0	0	5,000
순수혜	−2,488	−667	20	317	350	476	492	500	500	500	0
순수혜 비율	−34.6%	−13.0%	0.5%	10.4%	14.6%	24.8%	32.6%	47.6%	100.6%		

하는 것이 정치적으로 실현 불가능하지만, 기본소득의 경우에는 모두에게 500만 원씩 지급하기 위하여 5,000만 원을 증세하는 것이 정치적으로 실현 가능한 것이다.

재정환상의 극복

선별소득보장보다 기본소득이 정치적으로 실현 가능성이 높다는 지금까지의 논의는 사람들이 약간의 이타심을 갖고서 합리적인 투표 행위를 한다는 가정 하에 이루어진 것이다. 만약 사람들이 앞에서 설명한 재정환상에 빠져 있다면, 즉 세금과 보조금을 함께 고려하지 못하고 어느 하나에만 관심을 갖고 투표를 한다면 결론은 달라지게 된다. 특히 보조금은 잊어버리고 세금만 고려해서 투표한다면, 기본소득은 선별소득보장보다 훨씬 실현 가능성이 낮을 것이다.

사람들에게 복지 정책에 필요한 세금만 부각시켜서 재정환상에 빠지게 하여 복지 정책을 좌절시키려는 정치적 시도가 바로 "세금 폭탄론"이다. 현실 정치에서 세금 폭탄론의 위력은 대단하다. 노무현 대통령이 종합부동산세를 도입했을 때 야당의 세금 폭탄론 공격으로 정부의 지지가 흔들렸다. 2019년 초 부동산 공시지가를 조금 올려서 보유세가 인상되자 언론들은 세금 폭탄론 공격을 퍼부었다.

그러나 사람들이 언제까지나 재정환상에 빠져 있을 것이라고 생각하는 것도 비현실적이다. 사람들은 단기적으로는 재정환상에 빠지더라도 장기적으로는 재정환상에서 벗어난다고 보는 것이 현실에 더 가까운 판단일 수 있다. 민주주의 정치는 사람들이 장기적으로 올바른 판단을 할 것이라는 믿음 위에 건설된 제도다. 링컨 대통령이 말했듯이, 한 사람을 영원히 속일 수 있고 많은 사람을 일시적으로 속일 수 있지만 많은 사람을 영원히 속일 수는 없는 것이다.

사람들이 재정환상에 빠져 있어서 선별소득보장이 기본소득보다 더 실현 가능하다고 말하는 것은 큰 의미가 없다. 재정환상은 기본소득도 어렵게 하지만 선별소득보장도 어렵게 한다. 도긴개긴이다. 증세 없이 실시하는 복지라면 선별소득보장이든 기본소득이든 한계가 분명하다. 제대로 된 복지국가를 만들려고 한다면, 재정환상을 수용하고 체념할 것이 아니라 사람들이 재정환상에서 벗어나도록 적극적으로 노력할 필요가 있다.

기본소득은 재정환상에 잘 빠지지 않거나 쉽게 벗어나도록 만들 수 있는 정책이다. 기본소득을 통해 받는 것은 정액의 돈이다. 1인당 월 30만 원씩 받는다면 1년에 식구 3명이 1,080만 원을 받게 된다는 것은 누구나 계산할 수 있다. 문제는 내는 돈이다. 내는 돈만 쉽고 분명하게 계산할 수 있게 만들면 된다. 그러기 위해서는 기본소득에 필요한 재원을 목적세를 통해서 마련할 필요가 있다. 모든 사람의 모든 소득에 10%의 비례세로 과세해서 1인당 30만 원의 기본소득을 지급하는 재원을 마련한다고 해 보자. (이것이 가능하다는 것은 제4부에서 다룰 것이다.) 그러면 가계 수입이 연간 1억800만 원 이하인 가정은 기본소득으로 인해서 내는 돈보다 받는 돈이 많게 될 것이다. 기본소득은 중산층 대부분을 순수혜 가구로 만들기 때문에, 내는 돈과 받는 돈을 암산할 수 있을 정도로 간단하게 설계하여 재정환상의 함정에 빠지지 않게 하면 정치적으로 얼마든지 실현 가능하다.

제임스 뷰캐넌

재정학(공공 선택) 분야의 공헌으로 노벨 경제학상을 받은 뷰캐 넌James M. Buchanan은 「민주주의가 일반 복지를 지지하는가?」라는 논 문에서 기본소득에 대한 지지를 표명했다(Buchanan, 1997).* 뷰캐넌의 주장을 요약하면 다음과 같다.

현실 정치에서 민주주의는 과반수 결정 규칙을 의미한다. 민주 주의에서 과반수 집단이 지배한다는 것은 소수 집단이 지배를 받는 다는 것을 의미한다. 그러나 과반수 민주주의란 지배 집단이 자기들 에게 일방적으로 유리하고 소수 집단에게 일방적으로 불리한 일반성 없는 복지를 선택할 위험이 있다. 따라서 민주주의는 만장일치에 가 까운 방식으로 제정된 헌법적 제한 내에서 실행되어야 한다.

여기서 헌법적 제한이란 일반성을 말한다. 일반성의 원칙에 부합 하는 복지제도는 수입 측면에서는 비례세flat tax이고 지출 측면에서는 "평민 급여"다.** 극단적인 자유 지상주의자들은 모든 사람이 동일한 액수의 세금을 내야 한다고 주장하겠지만, 개인이 정치 공동체를 마 음대로 선택할 수는 없으므로 동일한 액수의 세금은 오히려 일반성 원칙에 어긋난다. 모든 사람의 소득에 대하여 아무런 예외나 공제 없

---

* "일반 복지general welfare"는 미국 헌법에 두 번 나오는 개념이다. 먼저 일반 복지는 헌법의 목 적이다. "우리 합중국the United States 국민은 더욱 완벽한 연방Union을 형성하고, 정의를 확립하 고, 국내의 안녕을 보장하며, 공동의 방위를 도모하고, 일반 복지를 증진하고, 우리와 우리의 후손들에게 자유의 축복을 확보할 목적으로 이 미합중국the United States of America 헌법을 제정 한다."(전문) 또한 일반 복지는 조세를 걷는 목적이다. "연방의회는 합중국 채무의 지불 및 공 동 방위와 일반 복지를 위하여 조세, 관세, 공과금 및 소비세를 부과하고 징수할 권한을 가진 다. 다만, 관세, 공과금 및 소비세는 합중국 전역에 걸쳐 통일적이어야 한다."(제1조 제8항 제 1문)
** 여기서 뷰캐넌은 제임스 토빈의 "평민 급여demogrant"를 연상시키고 있다. "데모스"라는 그 리스어는 '시민, 평민, 민중, 대중'으로 번역할 수 있는데, 여기서는 필자의 취향상 '평민'이 라고 번역해 보았다. 토빈의 평민 급여에 대해서는 이 책 제7장을 참조할 것.

이 동일한 세율로 적용되는 비례세가 일반성 원칙에 부합한다고 보아야 한다. 지출 측면에서는 평민 급여, 즉 1인당 동일한 액수의 이전 급여가 일반성 원칙에 부합한다. 세금과 지출을 함께 고려하면, 평균 소득 이상인 사람들로부터 평균 소득 이하인 사람들에게 소득의 재분배가 이루어질 것이고 어떤 사람도 특혜를 주거나 차별하지 않기 때문에 일반성 규범에 부합한다.

뷰캐넌이 말하는 평민 급여는 기본소득의 다른 이름이다. 뷰캐넌은 일반성 있는 기본소득을 위하여 큰 액수의 세금을 걷는 것이 일반성 없는 복지를 위하여 작은 세금을 걷는 것보다 훨씬 용이하다는 것을 다음과 같이 말하고 있다.

> 시민들은 일반 복지를 증진시키는 프로그램에 재정을 뒷받침하기 위해 부과되는 높은 세율의 강압적인 조세를 참아 낼 수 있다. …… 그러나 시민들은 변화하는 정치 연합이 자신의 권한을 사용하여 특정한 집단의 특혜적인 편익을 위해 다른 집단을 착취하는 것을 보면 복지국가에 대한 지지를 매우 빨리 철회할 것이다. (Buchanan, 1997, p. 179)

제5장 일하라고 안 해도 더 많이 일한다

선별소득보장과 복지 함정

기본소득에 대하여 사람들이 가장 걱정하는 것 중의 하나는 기본소득을 주면 일을 안 할 것이라는 걱정이다. 그러나 기본소득이 선별소득보장 비해서 지니는 장점 중의 하나는 "복지 함정welfare trap"이 없다는 것이다. 복지 함정이란 복지 수혜자가 일자리가 생기더라도 일을 하지 않고 복지에 의존해서 살아가는 현상을 말한다.

「국민기초생활 보장법」을 살펴보자. 이 법의 목적은 최저생활을 보장하면서 노동을 하도록 돕는 것이다. "생활이 어려운 사람에게 필요한 급여를 실시하여 이들의 최저생활을 보장하고 자활을 돕는 것"(제1조)이다. 급여의 기본원칙은 최대한 노동을 하도록 하고 그래도 부족한 것을 보조하는 것이다. "이 법에 따른 급여는 수급자가 자신의 생활의 유지·향상을 위하여 그의 소득, 재산, 근로능력 등을 활용하여 최대한 노력하는 것을 전제로 이를 보충·발전시키는 것을 기본원칙"(제3조의 ①)으로 한다.

기초생활 보장 급여에는 생계급여, 교육급여, 의료급여, 주거급여 등이 있는데, 여기서는 생계급여의 지급 방식에 대하여 살펴보자. 생계급여의 최저 보장 수준은 2019년에는 다음과 같이 정해졌다. 4인 가구를 기준으로 하면 1인당 35만 원 정도다.

〈표 1.5.1〉 최저보장수준 (단위 : 원/월)

가구원 수	1인	2인	3인	4인	5인	6인
생계급여	512,102	871,958	1,128,010	1,384,061	1,640,112	1,896,163

자료: 보건복지부고시 제2018-144호

수급권자에게 지급하는 생계급여액은 다음의 공식으로 계산한다.

생계급여액 = 생계급여 최저 보장 수준(대상자 선정 기준) - 소득인정액

소득인정액 = 소득평가액(근로소득, 사업소득, 재산소득) + 재산의 소득 환산액

4인 가족 소득인정액이 384,061원이어서 월 100만 원(= 1,384,061 - 384,061)의 생계급여를 받는 기초생활 보장 대상자가 구멍가게를 열어서 월 50만 원의 사업소득이 생기면 어떻게 될까? 위의 공식에 따르면 소득인정액이 884,061원이 되어 생계급여액이 50만 원으로 줄어든다. 사업소득 50만 원이 생기면 생계급여 50만 원이 줄어드니 가처분소득에는 변화가 없게 된다. 일을 해도 쓸 수 있는 돈이 늘어나지 않는다. 일할 이유가 없는 것이다.

법의 목적도 가능한 한 일하게 만드는 것이고 급여의 기본원칙도 일하게 만드는 것이라고 천명하면서도 정작 생계급여액 계산식은 일할 동기가 없어지도록 만든 것, 이것이 기초생활 보장 제도의 가장 큰 이율배반이다. 이때 추가되는 소득에 대한 소득세율은 100%가 된다. 소득이 50만 원 추가됐는데, 가처분소득은 조금도 추가되지 못하고 아무런 변화가 없으니 소득세율이 100%가 되는 것과 마찬가지다. 이것을 "한계소득세율marginal income tax(추가되는 소득에 대한 세율) 100%"라고 부른다. 한계소득세율이 100%라는 것은 일하지 말라는 뜻이다. 이런 불합리한 조세체계가 복지 함정을 낳는 원인이다.

기본소득의 경우는 다르다. 1인당 30만 원의 기본소득이 정해지면, 4인 가족 120만 원의 소득이 보장될 것이다. 사업소득에 대한 기본소득세율이 10%라고 가정하자. 이때 50만 원의 사업소득이 생기

면 가구소득은 120만 원에 45만 원(사업소득 50만 원에서 기본소득세 5만 원 공제)을 더해서 165만 원이 된다. 한계소득세율은 10%다. 일하면 할수록 가구소득이 늘어난다. 이처럼 기본소득은 선별복지에 비해서 한계소득세율이 훨씬 낮으므로, 노동 유인이 훨씬 크다.

핀란드에서 기본소득 실험을 한 이유

핀란드는 세계 최고 수준의 복지국가다. 핀란드에서는 취업했다가 실직하게 되면 일정한 기간 동안 실업수당을 받게 된다. 실업 기간이 길어지거나 처음부터 취업한 적이 없으면 월 560유로의 구직수당을 받게 된다. 구직 활동 조건이 충족되면, 노인이 되어 기초연금을 받게 될 때까지 구직수당을 무기한 받을 수 있다. 구직자의 관점에서만 보면 최소한의 소득이 이미 보장되고 있는 나라다. 그러나 사회 전체적인 관점에서 보면 중대한 문제가 있다.

구직수당은 실업자에게만 지급되고 취업자에게는 지급되지 않는다. 560유로의 구직수당을 받는 실업자는 560유로의 저임금 일자리가 생기더라도 일할 이유가 없다. 일하면 구직수당이 끊어지기 때문에 일해도 소득이 늘지 않는다. 일하는 데 들어가는 비용(정신적, 육체적 노고, 교통비 등)을 고려하면 560유로 이상을 주는 일자리도 거절할 가능성이 있다.

구직수당이 노동 유인을 없애는 문제는 복지국가를 만들 때부터 알고 있었지만, 그때에는 완전고용 시대였기 때문에 거의 문제가 되지 않았다. 생산성이 가장 낮은 3% 정도의 인구가 구직수당을 받으면서 일하지 않고 살아가더라도 경제에는 큰 영향이 없었다. 그러나 성인의 사실상 실업률이 10% 이상이 되고 청년의 사실상 실업률이 20%가 넘는다면 문제가 달라진다. 많은 인구가 구직수당을 받으면서 일을 하지 않고 있다면 경제에 큰 부담이 된다.

핀란드는 완전고용을 전제로 만들어진 구직수당 제도를 실업률이 높아진 경제에서 어떻게 개혁할 것인지를 모색하는 과정에서 기본소득에 주목하게 됐다. 기본소득은 구직수당과 달리 취업을 하더라도 동일한 금액이 계속 지급된다. 이론적으로 구직수당보다 노동유인이 높을 수밖에 없다. 현실에서도 이런 효과가 나타날지 실험을 해 보는 것이 가장 좋을 것이다. 이것이 핀란드에서 기본소득 실험을 하게 된 계기다.

핀란드 정부는 실험의 목적을 다음과 같이 설정했다. ① 노동의 성격 변화에 대응하기 위한 사회보장 제도의 재설계, ② 더 강한 노동 유인을 제공하는 사회보장 제도의 재형성, ③ 관료주의 축소와 복잡한 급여 체계의 단순화.(http://www.kela.fi/web/en/basic-income-objectives-and-implementation.) 핀란드는 2017년 1월부터 2018년 12월까지 2년 동안 기본소득 실험을 했다. 구직수당 수령자 중 2,000명을 선정하여 구직수당과 동일한 금액을 지불했다. 이제 실험은 끝났고, 2019년 2월 예비 실험 결과가 발표되었다. 여기에 대해서는 제7장의 마지막 부분에서 다룰 것이다.

영국과 독일의 복지 함정

영국의 복지제도에도 마찬가지로 복지 함정이 있다. 〈그림 1.5.1〉은 최저임금으로 일하는 근로자의 주당 노동시간과 가처분소득(시장소득 + 복지 − 조세) 사이의 관계를 나타내고 있다.

그림에서 사각형이 표시된 선이 현재의 제도다. 현재의 제도 하에서 최저임금을 받는 노동자가 주당 14시간까지는 더 노동을 하더라도 가처분소득이 늘어나지 않는다는 것을 알 수 있다. 이 구간이

〈그림 1.5.1〉 영국의 최저임금근로자의 주당 노동시간과 가처분소득

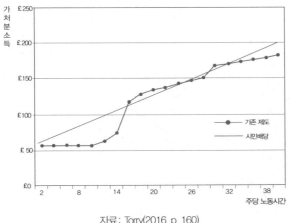

자료: Torry(2016, p. 160)

복지 함정 구간이다. 말콤 토리Malcolm Torry는 기존의 선별소득보장 제도를 시민배당*으로 대체함으로써 복지 함정을 없애고, 위의 그림에 실선으로 표시된 관계를 만들 수 있다는 것을 보였다. 토리는 영국에서 이렇게 기본소득을 통하여 복지 함정을 없애는 데에 소득세의 3~5% 정도를 증세하는 것으로 충분하다는 것을 계산해 보였다 (Torry, 2016, p. 59).

독일의 경우도 마찬가지다. 〈그림 1.5.2〉에는 세 가지 제도 하에서 시장소득과 가처분소득 사이의 관계가 표시되어 있다. (괄호 안의 첫 번째 숫자가 시장소득이고, 두 번째 숫자가 가처분소득이다). 그림에서 확인할 수 있듯이, 선별소득보장 제도인 하르쯔 피어Hartz IV 제도 하에서는 시장소득이 증가하더라도 가처분소득이 거의 증가하지 않는 구간이 존재한다. 이 구간이 복지 함정이다. 시장임금이 26,524유로(세금을 내고 난 뒤의 가처분소득으로 22,128유로) 이상

---

* 토리는 "기본소득"이라는 용어 대신에 모든 시민은 배당 받을 권리가 있다는 것을 강조하기 위하여 "시민배당citizen's income"이라는 용어를 사용하고 있다.

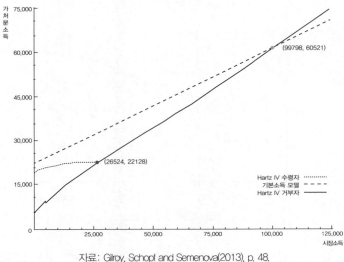

〈그림 1.5.2〉 독일 복지제도 하에서 시장소득과 가처분소득

자료: Gilroy, Schopf and Semenova(2013), p. 48.

인 노동자는 하르쯔 피어를 선택하지 않을 것이다. 그림에는 함부르크 세계경제연구소Hamburger Weltwirtschaftsinstitut에서 제안한 기본소득의 효과가 나타나 있다. 시장소득 99,798유로 이하인 노동자는 순수혜자가 되고 그 이상인 노동자는 순부담자가 된다. 기본소득 하에서는 모든 구간에서 복지 함정이 나타나지 않는다.

기초생활 보장 제도와 함께하는 기본소득

1인당 30만 원 정도의 기본소득이 도입된다고 할 때, 기초생활 보장 제도를 완전히 대체해서는 곤란하다. 기초생활 수급 대상자들의 처지가 악화될 우려가 있기 때문이다. 이것은 취약 계층이나 중저소득층의 처지를 악화시키는 방식으로 기본소득이 도입되어서는 안 된다는 서울 총회 결의에 어긋난다. 기초연금을 도입할 때처럼 기초연금 금액만큼 복지급여를 축소해서는("줬다 뺏는 기초연금"이 되어서는) 곤란하다. 복지급여를 기본소득 금액보다 작은 범위에서 대체하여야 한다. 예를 들어서, 기본소득 30만 원을 지급하면서 복지급여 10만 원을 축소하는 방식이다. 이처럼 수급 대상자들의 처지를 개선하면서 단계적으로 선별소득보장을 기본소득으로 대체해 나가는 것이 바람직하다. 기본소득이 도입되더라도 상당한 기간 기초생활보장 제도와 함께 가야 한다.

제6장 많이 나눌수록 나눌 것이 많아진다

선별소득보장과 일자리 감소

앞에서 살펴보았듯이, 선별소득보장은 보장소득 이하의 임금을 지급하는 일자리에서 노동하려는 유인을 없앤다. 노동하려는 사람이 줄어들면 일자리도 줄어들게 된다. 선별소득보장은 일자리가 줄어드는 부작용에도 불구하고 바람직하다는 사회적 판단에서 시행하는 정책이다. 아무런 소득보장이 없다면 사람들은 너무 가혹하게 착취당하고 사회가 불안해질 것이다.

최저임금제는 최저임금 이상으로 임금을 지급할 능력이 없는 사업을 법으로 금지하는 제도라고 볼 수 있다. 최저임금제도 일반적으로 일자리를 감소시키는 효과를 가지고 있다. 일자리가 줄어들더라도 낮은 임금으로 고용하는 것을 금지하는 것이 사회적으로 바람직하다는 판단에서 실행하는 것이다. 최저임금제가 없으면, 하위 노동자들의 가혹하게 착취당할 것이다.

선별소득보장과 최저임금제는 일자리를 감소시키는 효과에서는 공통적이지만 방법은 다르다. 최저임금제는 최저임금 이하의 고용을 법으로 금지하는 데 반해서, 선별소득보장은 100% 내지 그에 가까운 한계 세율로 인해서 일자리를 감소시킨다. 더욱 본질적인 차이가 있다. 최저임금제는 나쁜 일자리를 줄이는 것이 의도한 목적이라고 할 수 있다. 그러나 선별소득보장은 일자리가 없는 사람들에게 최소한의 소득을 보장하는 것이 목적이므로, 일자리를 감소시키는 것은 의도하지 않은 부작용이라고 할 수 있다.

기본소득은 한계 세율이 선별소득보장에 비해 훨씬 낮기 때문에, 세금으로 인해 일자리를 감소시키는 효과는 없는 것이 장점이다. 물론 기본소득은 많이 걷어야 하는 것이 단점이라고 할 수 있다. 그러나 제4장에서 분석한 바와 같이 많이 걷는 것이 선별복지를 위해서 적게 걷는 것보다 쉬울 수 있다. 선별소득보장은 적게 걷어도 되는 것이 장점이지만 일자리를 감소시키는 것이 단점이다.

일자리 감소의 경제적 효과 시뮬레이션

선별소득보장의 일자리 감소 효과는 경제에 얼마나 큰 영향을 미칠까? 제4장에서 만든 모형을 가지고 시뮬레이션을 해 보자.

〈표 1.6.1〉 선별소득보장의 효과: 1명에게 500만 원을 보조 (단위: 만 원)

사람	1	2	3	4	5	6	7	8	9	10	계
소득	7,194	5,126	3,886	3,034	2,400	1,919	1,510	1,050	497	0	26,617
보조금	0	0	0	0	0	0	0	0	0	500	500
세금	299	117	48	18	15	2	1	0	0	0	500
순수혜	−299	−117	−48	−18	−15	−2	−1	0	0	500	0

〈표 1.6.1〉은 〈표 1.4.2〉를 다시 옮긴 것으로서, 앞에서 설명했듯이 2016년 실제의 연간 근로소득에 기초한 모형이다. 각 근로소득자가 3인 가구의 소득원이라고 가정해 보자. 표에는 사람 10에게 500만 원을 보조할 때의 순수혜가 나타나 있다. 그런데 사람 10에게 500만 원을 보조하는 것은 한 가지 불공정한 결과를 낳는다. 노동하는 사람 9보다 노동하지 않는 사람 10의 소득이 더 높아진다. 이러한 불공정을 정정하려면 사람 9에게도 보조금을 지급하거나 사람 10의 보조금을 줄여야 한다. 그런데 「국민기초생활 보장법」에 의하면 3인 가족의 경우 월 소득 112만8천 원을 보장하도록 되어 있다. 이것은 연 소

득으로 1,354만 원이다. 법을 충실하게 지키려면 사람 8에게는 304만 원(= 1,354 - 1050), 사람 9에게는 857만 원, 사람 10에게는 1,354만 원을 보조해야 한다.

그러나 이런 상태가 오래 갈 수는 없다. 사람 8, 9 모두 노동했는데도 노동하지 않은 사람 10과 소득이 같으므로 억울하다고 느낄 것이다. 억울함을 해소할 방법이 있다. 노동하지 않는 것이다. 노동하지 않으면 법에 따라 1,354만 원씩 보조금을 받게 된다. 가처분소득은 노동할 때와 변함이 없다. 사람 7을 생각해 보자. 만약 노동하는데 따르는 비용이 연간 156만 원(= 1,510 - 1,354)이 넘는다면 노동을 하고 1,510만 원을 버는 것보다는 노동하지 않고 1,354만 원의 보조금을 받는 것이 더 낳을 것이다. 이러한 과정을 거쳐서 사람 7, 8, 9, 10이 모두 노동하지 않게 될 때 경제 상태는 〈표 1.6.2〉처럼 변한다.

〈표 1.6.2〉 선별소득보장의 효과: 네 명에게 1,354만 원을 보조

사람	1	2	3	4	5	6	7	8	9	10	계
소득	7,194	5,126	3,886	3,034	2,400	1,919	0	0	0	0	23,560
보조금							1,354	1,354	1,354	1,354	5,416
세금	1,654	1,178	893	698	552	441	0	0	0	0	5,416
순수혜	−1,654	−1,178	−893	−698	−552	−441	1,354	1,354	1,354	1,354	0

기본소득의 경우에는 노동할수록 소득이 늘어나므로 아무도 노동을 그만두지 않을 것이라고 가정할 수 있다. 이 경우 경제 상태는 〈표 1.6.3〉처럼 변한다.

〈표 1.6.3〉 기본소득의 효과: 모두에게 1,354만 원을 보조

사람	1	2	3	4	5	6	7	8	9	10	계
소득	7,194	5,126	3,886	3,034	2,400	1,919	1,510	1,050	497	0	26,617
보조금	1,354	1,354	1,354	1,354	1,354	1,354	1,354	1,354	1,354	1,354	13,540
세금	3,660	2,608	1,977	1,544	1,221	976	768	534	253	0	13,540
순수혜	−2,306	−1,254	−623	−190	133	378	586	820	1,101	1,354	0

과부의 항아리

　두 가지 경제 상태를 비교해 보자. 먼저 소득의 합계를 비교해 보자. 선별소득보장의 경우에는 23,560만 원인데 기본소득의 경우에는 26,617만 원이 된다. 많이 나누는 기본소득의 경우가 나눌 것(소득 합계)이 더 커진 것이다. 선별소득보장 하에서 노동하지 않고 보조금을 수령하는 사람들이 늘어난 결과다. 경제 전체의 파이도 작아지지만 개별 몫도 작아진다. 사람 7을 생각해 보자. 선별소득보장의 경우 소득이 1,354만 원이지만 기본소득의 경우에는 2,864만 원(= 1,510 + 1,354)이다. 몰아줄수록 적게 받는 것이다.

　세율을 계산해 보자. 명목세율을 계산해 보면, 선별소득보장의 경우에는 23%(= 5,416 ÷ 23,560)이고, 기본소득의 경우에는 51%(= 13,540 ÷ 26,617)로 기본소득이 두 배 정도 높다. 순부담자들이 부담하는 순부담액의 합계를 "순조세액"(순수혜가 음수인 사람들의 순수혜 값을 합친 것)이라고 정의하자. 순조세액을 보면 선별소득보장은 명목세액과 동일하게 5,416만 원이지만, 기본소득은 4,239만 원(사람 1, 2, 3, 4의 순수혜를 합친 것)으로 기본소득의 경우가 더 작아진다.* 순조세율을 계산해 보면, 선별소득보장은 23% 그대로 이지만 기본소득은 16%(= 4,239 ÷ 26,617)로 더 작아진다. 많이 나눌수록 나눌 것이 많아지는 효과 때문에 생긴 현상이다. 이 효과를 "과부의 항아리 효과"라고 부를 수 있을 것이다.**

---

* 최고 부자인 사람 1과 사람 2의 부담은 기본소득의 경우가 더 크다. 이런 점에서 부자까지 주면 부자들이 더 많이 부담하는 현상은 마찬가지라고 할 수 있다.
** "그 여인이 물을 가지러 가려고 하니, 엘리야가 다시 여인을 불러서 말했다. '먹을 것도 조금 가져다주시면 좋겠습니다.' 그 여인이 말했다. '어른께서 섬기시는 주 하나님께서 살아 계심을 두고 맹세합니다. 저에게는 빵 한 조각도 없습니다. 다만, 뒤주에 밀가루가 한 줌 정도, 그리고 병에 기름이 몇 방울 남아 있을 뿐입니다. 보시다시피, 저는 지금 땔감을 줍고 있습니

선별소득보장은 보장소득 이하의 일자리를 줄여서 국민소득의 파이 자체를 작게 만든다. 위의 숫자 예는 다소 극단적인 것처럼 보이지만 선별소득보장 정책의 비효율성을 잘 보여 준다. 그런데 우리는 모형을 만들 때 실제의 근로소득 자료를 가지고 만들었다. 따라서 현실에서 이런 현상이 발생할 가능성이 아주 낮다고 말하기는 힘들 것이다.

일자리가 양극화될 때의 효과

선별소득보장은 확대할 경우 기존에 존재하던 일자리가 감소하게 된다. 그런데 선별소득보장을 현상대로 유지하더라도 기술 발전에 의해서 일자리가 양극화되면 일자리가 감소하는 효과가 발생하게 된다. 예를 들어 사람 3, 4가 사람 1, 2로 상향 이동하고, 사람 5, 6이 사람 7, 8로 하향 이동한다고 하면, 선별소득보장인 〈표 1.6.2〉에서는 사람 5, 6이 더 이상 노동하지 않게 될 것이므로 복지제도로 인하여 일자리는 더 감소하고 경제 규모(소득 합계)도 더 작아지게 된다. 그러나 기본소득인 〈표 1.6.3〉에서는 사람 5, 6도 여전히 노동하게 될 것이므로 복지제도로 인한 일자리 감소나 경제 규모의 감소가 일어나지 않을 것이다.

4차 산업혁명에 대해서는 일자리가 감소할 것이라는 주장과 늘어날 것이라는 주장이 부딪치고 있지만, 일자리가 양극화될 것이라

다. 이것을 가지고 가서, 저와 제 아들이 죽기 전에 마지막으로, 남아 있는 것을 모두 먹으려고 합니다.' 엘리야가 그 여인에게 말했다. '두려워하지 말고 가서, 방금 말한 대로 하십시오. 그러나 음식을 만들어서, 우선 나에게 먼저 가지고 오십시오. 그 뒤에 그대와 아들이 먹을 음식을 만들도록 하십시오. 주님께서 이 땅에 다시 비를 내려 주실 때까지, 그 뒤주의 밀가루가 떨어지지 않을 것이며, 병의 기름이 마르지 않을 것이라고, 주 이스라엘의 하나님께서 말씀하셨습니다.'" (구약, 열왕기상, 제17장 11~14절)

는 데에는 연구자들 사이에 합의가 이루어지고 있다. 4차 산업혁명이 일자리를 양극화시킨다면 선별소득보장 체제를 그대로 유지하는 것은 일자리를 감소시키고 경제 규모를 줄일 위험이 있다. 4차 산업혁명이 일자리를 줄이지 않는다고 할지라도 4차 산업혁명에 들어맞지 않는 복지제도가 일자리를 줄일 위험이 있는 것이다. 선별소득보장 없이 현재 경제를 유지하기 힘들지만, 선별소득보장 가지고 미래 경제를 발전시키기 힘들다.

제2부 기본소득의 경제적 효과

제7장 기본소득과 일자리: 실험의 결과

이 장에서는 개발도상국과 미국 및 캐나다에서 있었던 기본소득 실험의 결과를 일자리에 미친 영향을 중심으로 살펴본다. 기본소득의 목적이 일자리 창출은 아니지만, 기본소득이 일자리에 부정적인 영향을 끼친다는 우려가 있으므로 그와 관련된 결과는 기본소득 실험에서 매우 중요한 결과다. 제일 먼저, 기본소득 실험 결과를 해석할 때 유의해야 할 기본적 관점을 서술한다. 그 다음에는 개발도상국중 나미비아와 인도에서의 실험 결과를 살펴본다. 마지막으로는 미국에서 기본소득 실험과 실천에 이르는 과정을 검토한 뒤, 기본소득 실험과 알래스카 기본소득의 효과를 살펴본다.

기본적인 관점

(1) 비교의 대상이 선별소득보장인가 무복지인가

제1부에서 기본소득이 선별소득보장에 비교해서 노동 유인이 크다는 것을 살펴보았다. 일하라고 안 해도 더 많이 일하게 되고, 많이 나눌수록 나눌 것이 많아지는 효과를 확인했다. 그런데 이러한 논의는 선별소득보장과 비교한 것이다. 선별소득보장이 아니라 무복지無福祉와 비교하면 결론이 달라질 수 있다.

복지가 없는 상태를 상상해 보자. 자산이 없는 사람은 일을 안하면 굶어서 죽을 것이다. 무자산 계층(프롤레타리아)의 노동자들은 굶주림을 채우기 위하여 어떤 열악한 조건의 노동이라도 받아들일 수밖에 없을 것이다. 임금은 상당히 낮아질 것이고 노동시간은 무척 길어질 것이다. 이 상태에서 기본소득이 도입되면 기본소득을 지 렛대로 삼아서 열악한 노동을 거부하는 노동자가 생길 수 있다. 이런 경우를 고려하면, 기본소득은 선별소득보장에 비하면 노동 유인을 높이지만 무복지에 비하면 노동 유인을 낮춘다고 말할 수 있다.

그런데 우리는 이미 무복지 상태의 나라가 아니다. 기초생활 보 장 제도, 구직수당 등 선별소득보장을 시행하고 있다. 따라서 무복지 와 비교할 필요는 없고 선별소득보장과 비교하는 것으로 충분하다. 선별소득보장과 비교할 때 기본소득은 확실하게 경제적 효율성을 높 이는 정책이다.

그런데도 사람들은 기본소득의 효과를 종종 무복지 상태와 비교 하려고 한다. 아마도 노동하지 않는 자는 먹지도 말라는 강한 노동윤 리 때문일 듯하다. 무복지 상태와 비교하면 두 가지 상반된 결과가 다 가능하다. 한편으로는 기본소득이 지급되니까 노동자들이 정상적 인 노동마저 거부하고 술과 도박에 빠져서 방탕한 생활을 할 가능성 이 있다. 이것은 누가 보더라도 잘못된 일이다. 다른 한편으로는 저 임금으로 가혹하게 착취당하던 노동자들이 기본소득을 발판으로 삼 아서 열악한 일자리를 거절하고 더 나은 일자리를 찾는 경우가 생길 수 있다. 이것은 바람직한 경우라고 볼 수 있다. 이 두 가지 가능성 중에서 어떤 것이 더 지배적일 것인가는 이론의 문제라기보다는 실 증의 문제일 수 있다.

(2) 소득효과, 대체효과, 승수효과, 공동체효과

사람들이 자신의 시간을 임금노동과 여가 둘 중의 하나에 나누 어서 할당한다고 가정해 보자. 무복지 상태와 비교할 때 기본소득이 나 선별소득보장이 시행되면 사람들이 아무런 노동하지 않을 때의 소득, 즉 "무노동소득"이 증가한다. 무노동소득의 증가는 노동할 필요를 줄일 것이다. 예를 들어, 노동으로부터 아무런 가치도 느끼지 못하고 오로지 먹고살기 위해서 일하던 사람은 무노동소득이 증가하면 일을 중단할 것이다. 이처럼 복지 정책이 무노동소득을 변화시켜 노동시간을 변화시키는 효과를 "소득효과income effect"라고 부른다. 동일한 금액의 선별소득보장과 기본소득은 모두 동일한 방향과 크기의 소득효과를 갖는다고 볼 수 있다.

복지 정책은 소득효과만 가지는 것은 아니다. 제1부에서 선별소득보장은 추가되는 노동소득에 대하여 100% 내지 그에 가깝게 과세하는 결과가 된다는 것을 살펴보았다. 이것은 사실상 임금을 낮추는 것과 마찬가지다. 이처럼 복지 정책이 노동의 가격인 임금을 변화시켜 노동시간을 변화시키는 효과를 "대체효과substitution effect"라고 부른다.* 선별소득보장은 대체효과가 크지만 기본소득은 대체효과가 작다.

제1부에서 기본소득과 선별소득보장을 비교한 것은 두 정책의 소득효과 차이가 크지 않으므로 대체효과만을 비교한 것이라고 할 수 있다. 이와 대조적으로 무복지 상태와 기본소득을 비교하게 되면, 기본소득의 대체효과가 크지 않으므로 주로 소득효과를 비교하게 된다. 기본소득의 소득효과는 노동시간을 줄이는 방향으로 작용하는 경우가 많을 것이므로, 기본소득은 무복지에 비교하여 노동 공급을 줄일 가능성이 크다. 노동 공급이 줄어들면, 다른 조건이 일정할 때 일자리도 줄어든다.

그런데 기본소득은 무복지에 비교하여 노동 수요를 늘리는 효과

---

* 대체효과는 가격이 변했을 때 상대적으로 더 유리하게 된 것을 더 많이 선택하게 되는 효과다. 선별소득보장이 도입되어서 노동자가 10시간 일해서 10만 원의 소득을 벌게 되면 10만 원만큼 보조금이 삭감되는 경우, 10시간 노동의 임금은 10만 원에서 0원으로 변하는 결과가 된다. 이와 같이 노동의 가격 변화로 인해서 노동을 선택하지 않게 되는 효과가 대체효과다.

도 가지고 있다. 기본소득으로 사람들의 소득이 늘어나면 소비가 늘어나고, 소비가 늘어나면 다시 누군가의 소득이 늘어난다. 소득 → 소비 → 소득 → …… 이렇게 끝없이 계속되어 소득을 늘리는 효과를 "승수효과multiplier effect"라고 부른다. 소비가 늘어나면 노동 수요가 늘어나게 되고 결국 일자리도 늘어나게 된다. 선별소득보장도 승수효과를 가지지만 일부 사람들의 소득만 늘어나므로 그 크기가 기본소득보다 훨씬 작다.

무복지와 비교해서 기본소득의 일자리 효과를 판단하려면 소득효과뿐만 아니라 승수효과도 고려하여야 한다. 기본소득의 소득효과는 대체로 일자리를 줄이고, 승수효과는 거의 확실하게 일자리를 늘린다. 승수효과의 크기는 소비를 얼마나 많이 하느냐에 달려 있는데, 사람들의 소비성향이나 거래 구조에 따라 달라진다. 따라서 무복지와 비교할 때 기본소득이 일자리를 늘릴 것인지 줄일 것인지는 경험적으로 확인하는 수밖에 없다.

승수효과는 공동체 전체의 소득이 증가할 때 나타난다. 그래서 이것을 "공동체효과community effect"의 하나라고 할 수도 있지만, 공동체효과는 승수효과에 한정되지 않는다. 어떤 공동체 전체가 기본소득을 받게 되면 공동체에 큰 변화가 생길 것이다. 사람들은 안정감을 느낄 것이고, 범죄도 줄어들 것이고, 의료비로 감소할 것이다. 사람들은 더 오랜 기간 교육에 투자해서 노동생산성이 더 높아질 수도 있다. 협동의식이 증진되어 협동조합이 발달하고 사회적 경제에서 더 많은 일자리가 생길 수도 있다. 경제구조가 더 평등해질 수도 있다. 지대나 불로소득을 추구하는 일이 줄어들고, 소득에 기본소득이라는 바닥이 생기면 사람들이 더 모험을 추구해서 창업이 활발해질 수도 있다.

대체효과, 소득효과, 승수효과, 공동체효과까지 고려해서 무복지와 기본소득을 비교하려면 경험적으로 확인해 보는 방법밖에 없어 보인다. 경험적으로 확인하려면 실제로 시행해 보거나 실험을 해 보아야 한다. 그런데 승수효과와 공동체효과를 실험하려면 실험 규모가 커야 한다. 그리고 단기적인 실험에서는 승수효과가 잘 안 나타날 수도 있다. 일시적으로 증가한 소득에 대해서는 사람들이 소비를 잘 늘리지 않는다.*

그래서 실험의 결과를 분석할 때 주의해야 한다. 공동체효과가 발휘되기에 충분한 규모인가, 실험 기간이 장기인가 단기인가, 실험에서 무슨 효과를 측정하려고 하는가, 특히 비교 대상이 무복지인가 아니면 선별복지인가를 잘 구별해야 한다. 예를 들어, 제1부에서 소개한 핀란드의 기본소득 실험은 무복지 상태와 비교하는 실험이 아니라 선별복지 상태와 비교하는 실험이다. 그리고 비교 대상자와 동일하게 560유로를 보장하기 때문에 소득효과를 측정하는 실험이 아니라 대체효과만을 측정하는 실험이다. 선별복지 상태와 비교한 실험을 무복지와 비교해서 해석하거나 무복지 상태와 비교한 실험을 선별복지와 비교해서 해석하는 것은 잘못이다.

개발도상국에서의 실험

(1) 나미비아의 실험, 기본소득과 빈곤 탈출

아프리카에 있는 국가 나미비아Namibia의 오미타라Otjivero-Omitara 지역에서 2008년 1월부터 2009년 12월까지 기본소득 실험이 진행됐다. 이 실험은 지역 주민 930명에게 2년 동안 매달 100나미비아달러

---

* 이것을 "항상소득 가설"이라고 부르는데, 소득이 장기적이고 안정적으로 증가해야 사람들이 소비를 늘린다는 이론이다. 항상소득 가설도 마이너스소득세를 주장한 밀튼 프리드먼의 이론이다.

를 지급하는 실험이었다. 100나미비아달러는 나미비아 1인당 GDP의 3% 정도가 되는 금액이다. 나미비아 실험은 무복지 상태와 비교하는 실험이었다. 그리고 실험을 시작할 때 마을에 살고 있던 사람 전체에게 기본소득을 지급했기 때문에 작은 규모이지만 승수효과와 공동체 효과를 측정할 수 있는 실험이었다.

기본소득으로 인한 실업률의 변화는 〈그림 2.7.1〉에 나타나 있다. 60%에 달했던 실업률이 1년 사이에 45%로 감소했다. 기본소득이 지급되면 놀고먹을 것이라는 우려는 근거가 없는 것으로 드러났다.

〈그림 2.7.1〉 실업률 변화

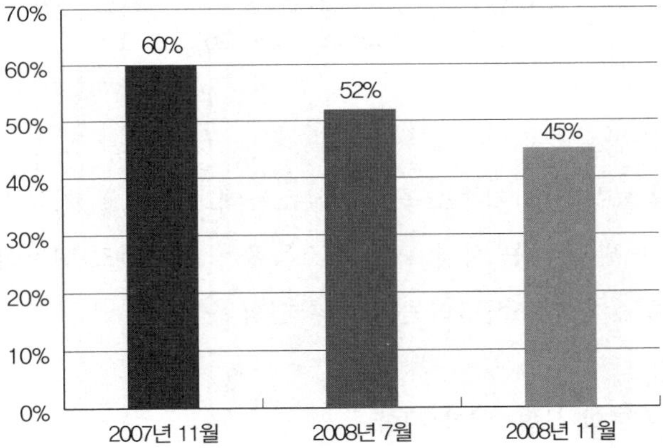

자료: Basic Income Grant Coalition(2009), p. 71.

〈그림 2.7.2〉에는 1인당 월평균 소득의 변화가 나와 있다. 그림에서 막대그래프의 윗부분은 기본소득 지급액 때문에 증가한 부분(1인당 기본소득)이고* 아랫부분은 승수효과를 포함하는 공동체효과 때

---

* 1인당 기본소득을 100달러씩 지급함에도 불구하고 기본소득 지급액이 75달러, 67달러 등으로 100달러가 안 되는 것은 외부로부터 사람들이 이주해 와서 1인당 평균 기본소득 지급액이 100달러에 미달하게 됐기 때문이다.

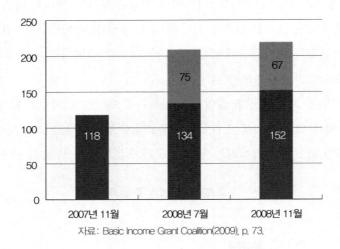

〈그림 2.7.2〉 1인당 월평균 소득의 변화 (단위: 나미비아달러)

자료: Basic Income Grant Coalition(2009), p. 73.

문에 증가한 부분이다.

　이상을 통하여 기본소득이 기본소득액 이상으로 기본소득을 받는 사람과 받지 않는 사람 모두의 소득을 증가시키고 일자리를 증가시켜 실업률을 감소시켰다는 것을 확인할 수 있다.

(2) 인도의 실험, 인간 해방

　인도에서의 기본소득 실험은 유니세프와 자영업여성연합Self Employed Women's Association이 주도하여, 인도 마디야 프라데시 주에서 2012년에서 2014년 사이에 실시됐다. 12~17개월에 걸쳐 이뤄진 이 실험에서 약 6천 명의 사람들은 매달 조건 없이 한 달에 성인은 200~300루피, 어린이는 100~150루피를 받았다. 이 정도의 금액은 한 가족 최저생계비의 20~30%에 해당되는 금액으로서, 인도 1인당 명목GDP의 3% 정도였다. 인도에서의 실험도 마을 사람 전체에게 기본소득을 지급하여 공동체효과를 측정할 수 있도록 설계됐다. 비교 대상은 무복지 상태의 마을이다.

실험 결과, 기본소득은 아동의 영양 상태, 아동의 학업 지속 행위, 가구의 교육비, 가구에서의 충분한 양의 음식, 만성질환자들과 노인들의 규칙적인 약물 치료, 임시 고용에서 자영 경작으로의 소농들의 변화, 생산적 자산의 증가, 부족 마을에서의 마을 수준 기업 활동 개시, 가혹한 대출 형태에서 양호한 대출 형태로의 채무 유형의 변화 등에서 수급자들에게 매우 긍정적인 영향을 주었다.(Sewa Bharat, 2014)

다발라는 실험의 결과들을 검토한 뒤 다음과 같은 결론을 내렸다.

• 매달 기본소득을 받게 되면 미래 지향적이고 더 나은 계획을 세울 수 있게 된다.

• 기본소득의 해방적 가치는 금전적 가치보다 파격적으로 높다.

• 기본소득은 마을 경제 차원에서 집단적 기업 활동을 촉진할 수 있다. 그래서 기본소득은 실업수당이 아니며, 마을 차원에서 경제 성장을 촉진하는 수단이다.

• 기본소득은 여성과 아동, 특히 청소년기 소녀와 노인에 의해 수행되는 비가시적 노동(예를 들면 돌봄노동)을 보상해 주고, 그들에게 경제적 시민권을 부여한다.

• 기본소득은 빈곤 함정의 제약들을 완화하고 해방의 경로로 옮겨갈 수 있게 도와준다.

• 기본소득은 빈곤층에 대한 신뢰에 기초한 사회정책이다. 기본소득은 빈곤층이 존엄 의식을 가지고 자기 가치에 기초해서 삶을 꾸릴 수 있는 환경을 만들어 준다.(Davala, 2015)

이제 몇 가지 그래프를 통하여 일자리에 관계되는 효과를 조금

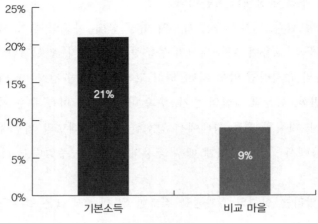

자료: Sewa Bharat(2014), p. 19.

더 자세히 살펴보자.

〈그림 2.7.3〉은 생산적 활동이 얼마나 증가했는지를 보여 준다. 기본소득을 지급하지 않은 비교 마을에서는 해당 기간 동안 생산적 활동이 9% 증가했는 데 비해서 기본소득 마을에서는 21% 증가한 것을 확인할 수 있다. 노동시간도 늘어났다. 기본소득을 받는 가구는 받지 않는 가구에 비하여 노동시간을 늘릴 승산이 32%나 높았다*(Sewa Bharat, 2014, p. 20). 기본소득이 지급되어도 사람들이 놀고먹지 않는다는 것을 확인할 수 있다.

〈그림 2.7.4〉는 노동자의 지위가 얼마나 개선됐는지를 보여 준다. 인도 농촌에서 임금노동자는 저임금을 받고 일하는 열악한 노동자를 의미하고, 농부는 자기 땅에서 일해서 소득이 높은 노동자를 의미한다. 실험을 시작할 때에는 기본소득 마을에서 비교 마을에 비해서 임

---

* "승산odds"은 일반적으로 승리할 확률을 실패할 확률로 나눈 값을 의미한다. 여기서는 노동시간을 늘린 가구의 비율을 노동시간을 줄인 가구의 비율로 나눈 값을 의미한다.

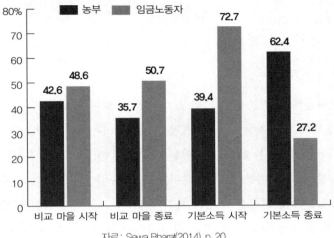

〈그림 2.7.4〉 노동자의 지위 변화

자료: Sewa Bharat(2014), p. 20.

금노동자가 상대적으로든 절대적으로든 많았는데, 실험이 끝날 때에는 상대적, 절대적으로 줄어들었다는 것을 알 수 있다.

　부채의 경우에도 기본소득을 지급한 마을에서 상대적, 절대적으로 줄어들었다. 인도 농촌에서 부채의 감소는 매우 중요한 의미가 있다. 인도 농촌에서는 부채를 상환하지 못한 사람은 채권자 밑으로 들어가 먹고 자면서 언제든지 주인이 시키는 대로 노동을 하는 관행이 남아 있다. "나우카naukar"라고 불리는 부채 노예노동이다. 부채의 감소는 많은 사람을 노예노동으로부터의 해방시켰다. 1인당 GDP의 3%에 불과한 소득을 보장했는데도 부채를 줄이는 데에 성공한 것은 놀라운 일이다.

　흔히 기본소득을 보장하면 사람들이 술과 마약에 빠질 것이라고 말한다. 그러나 인도에서의 실험은 전혀 다른 결과를 보여 준다. 위의 표를 보면 술 소비가 증가한 가구의 비율은 기본소득 마을에서 더 낮고, 술 소비가 증가한 가구의 비율은 비교 마을에서 더 높다. 기본

〈표 2.7.1〉 술 소비의 변화 (단위: %)

	기본소득 마을	비교 마을
술 소비 증가한 가구 비율	9.2	12.4
술 소비 감소한 가구 비율	11.7	1.0

자료: Sewa Bharat(2014), p. 92.

소득 마을에서 술 소비가 의미 있게 감소한 것이다.

실험의 연구자들은 심층 면담을 통하여 술 소비가 감소한 두 가지 이유를 찾았다. 하나는 사람들이 장래에 대하여 희망을 갖게 됐기 때문이었다. 비록 짧은 기간이었고 적은 금액이었지만 기본소득은 사람들에게 희망을 주는 효과가 있었다. 기본소득 실험을 시작하자마자 남편이 술을 적게 먹게 됐다고 증언하는 여성도 있었다. 다른 하나는 기본소득으로 인한 가정의 민주화와 관련이 있다. 가족 구성원들에게 개별적으로 소득이 지급되자 여성과 아이들의 발언권이 강화됐다.* 여성과 아이들의 발언권 강화는 술 소비 감소로 이어졌다. 과거에는 가부장이 돈을 벌기 때문에 자기가 번 돈으로 술을 먹는 것에 대하여 이의를 제기하기 힘들었지만, 기본소득이 지급되면서 상황이 바뀐 것이다. 돈을 어디에다 쓸 것인가를 가족회의를 통해서 결정하는 가구가 늘어났다. (Sewa Bharat, 2014, p. 21)

마지막으로 기본소득은 공공재 건설에서 해결하기 어려운 무임승차자free-rider 문제를 해결했다. 무임승차자란 돈을 내지 않고 공공재를 이용하려는 사람을 말한다. 마을에 작은 다리가 필요하다고 할 때, 돈이 없다고 말하면서 공짜로 이용하려는 무임승차자가 생기기 마련이다. 그러나 기본소득이 지급되자 이런 무임승차자가 사라졌

---

* 아동의 기본소득은 아버지가 아니라 어머니에게 지급됐다. 2015년 서울 국제학술대회에서 사라트 다발라Sarath Davala가 발표한 바에 따르면, 아이가 술 마시는 아빠한테 "아빠 내 돈으로 왜 술 마셔요?"라고 항의해서 술을 적게 마시게 된 일도 있었다고 한다.

다. 누구나 다 기본소득을 받는다는 것을 알고 있으므로, 낼 돈이 없다는 말을 할 수 없게 된 것이다. (Davala, 2015)

미국의 기본소득 실험과 실천

1968년부터 미국과 캐나다에서는 대규모 마이너스소득세 실험을 시행했다. 1982년부터 알래스카 주에서는 알래스카영구기금 수익을 기본소득으로 배당하기 시작했다. 여기까지 이르게 된 역사적 과정을 살펴본 뒤에, 기본소득 실험의 결과와 알래스카 기본소득의 효과에 대하여 검토해 보자.

(1) 마틴 루터 킹

실험의 정신적 동기는 마틴 루터 킹Martin Luther King 목사의 기본소득운동이었다. 킹 목사가 1963년 워싱턴 행진March on Washington을 비롯한 민권운동을 통하여 1964년 「민권법」과 1965년 「선거권법」을 쟁취하여 흑인들의 인권을 개선하는 데 크게 이바지했다는 것은 널리 알려졌다. 그러나 그가 기본소득운동을 주도했고 기본소득을 요구하는 행진을 계획했다가 암살당했다는 것은 잘 모르고 있다.

민권운동이 성공을 거두어, 흑인들을 차별하는 법과 제도가 철폐됐고 흑인들은 백인들이 가는 식당에 들어갈 수 있는 권리를 갖게 됐다. 그러나 킹은 흑인들이 식당에 갈 돈이 없다면 이런 권리가 아무 소용이 없다는 것을 깨달았다. 그래서 "빈자들의 운동Poor People's Campaign"을 계획했다. 빈자들의 운동은 기본소득(그는 이것을 "보장연간소득"이라 불렀다), 완전고용, 싼 임대주택 등을 목표로 했는데, 이 운동을 시작하기 직전인 1968년 4월 킹 목사는 멤피스에서 암살

됐다.

다음은「여기서 우리는 어디로 가야 하나: 혼란인가 공동체인가」라는 연설문의 일부다.

우리는 국가를 보장연간소득guaranteed annual income으로 이끌어갈 프로그램을 개발해야 한다. 금세기 초였다면 이 제안은 책임과 자발성을 파괴한다고 조롱과 비난을 받았을 것이다. 그 당시에는 경제적 상태가 개인의 능력과 재능의 척도로 간주됐다. 그 당시의 사고에서는 세속적인 재화가 부족하다는 것은 근면한 습관과 도덕적 자질이 부족하다는 것을 의미했다. 우리는 인간의 동기와 우리 경제체제의 맹목적인 작동을 이해하기 위하여 먼 길을 걸어왔다. 이제 우리는 우리 경제의 시장에서의 작동 오류와 만연한 차별이 사람들을 게으르게 만들고 그들의 의지와 반대로 항상적으로 또는 빈번하게 실업 상태에 빠뜨려 눈멀게 한다는 것을 깨달았다. 오늘날 ― 나는 양심으로부터 그렇다고 희망한다 ― 가난한 사람은 열등하거나 무능하기 때문에 해고되는 경우가 드물다. 우리는 또한 경제가 아무리 역동적으로 발전하고 확장돼도 가난을 없앨 수 없다는 것을 알고 있다.

(중략)

자기 삶에 관련된 결정을 스스로 할 수 있을 때, 자기 개선을 추구하는 수단을 가지고 있을 때, 개인의 존엄이 번성할 것이다. 인간의 가치를 달러의 잣대로 측정하는 정의롭지 못한 일이 사라질 때, 남편, 아내, 자식 사이의 개인적 갈등도 줄어들 것이다.

지금 우리나라는 이렇게 할 수 있다. 존 케네쓰 갤브레이쓰 John Kenneth Galbraith는 1년에 200억 달러를 가지고 보장연간소득을 실시할 수 있다고 말했다. 오늘 당신에게 말하듯이, 부정의하고 사악한 베트남전쟁을 수행하는 데 350억 달러를 쓰는 나라라면, 그리고 사람을 달에 보내는 데 200억 달러를 쓰는 나라라면, 하나님의 자녀들을 지구 위에서 그들의 다리로 서게 하는 데 수백억 달러를 쓸 수 있는 것이다. (Martin Luther King, Jr. 1967)

(2) 폴 새뮤얼슨

킹 목사가 암살된 지 한 달 뒤, 기본소득보장을 촉구하는 경제학자들의 청원이 조직됐다. 제임스 토빈, 폴 새뮤얼슨, 존 갤브레이쓰 등이 주동했고, 1,200명이 넘는 많은 경제학자가 서명했다. 성명서의 전문은 다음과 같다.

아래의 성명은 1968년 5월 275개의 대학과 연구소에 회람됐다. 125개의 대학에서 1,000명이 넘는 경제학자가 서명했다.

서명한 경제학자들은 의회가 올해 소득을 보장하고 보충하는 연방 시스템을 채택할 것을 촉구한다.

워싱턴에서 '빈자들의 운동Poor People's Campaign'은 모든 미국인에 대한 최소소득보장을 요구하고 있다. '시민 소요에 관한 커너위원회the Kerner Commission on Civil Disobey'는 연방 소득 보충 시스템을 요구하고 있다. 최근 한 집단의 재계 지도자들은 마이너스소득세negative income tax를 옹호했다. 이러한 제안들은 설계와 목표에서 모두 유사하다.

20세기의 모든 문명국가에서와 같이 이 나라에서도 오랫동안 시민들의 생활수준에 대한 공적 책임을 인식하여 왔다. 그러나 우리의 현재 공적 부조와 사회보험 프로그램은 필요한 수백만 명을 배제하고 수백만 명 이상을 부적합하게 지원하고 있다. 이러한 프로그램들은 너무 자주 노동과 근면과 관련하여 불필요하게 벌을 주고 안정적 가정의 형성을 방해하고 있다.

국가는 모든 사람에게 공식적으로 확인된 빈곤선 이상의 소득이 보장될 때까지는 자신의 임무를 다한 것이 아니다. 작동 가능하고 형평성 있는 소득보장과 보충 계획은 다음의 조건을 충족해야 한다. (1) 소득과 가족 규모에 의해서 객관적으로 측정된 필요만이 개인 및(또는) 가구가 수급 자격이 있는지를 결정하는 유일한 기준이 되어야 한다. (2) 노동, 저축 및 더 좋은 직업을 위한 훈련의 유인을 제공하기 위하여, 소득이 있는 가구에 대한 지급액은 그 소득의 일부분만 감축되어야 한다.

이러한 조건을 충족하는 실제적이고 상세한 제안은 이 성명의 개별 서명자들과 다른 사람들에 의해서 제안된 상태다. 이러한 계획의 비용은 상당하지만 국가의 경제적, 재정적 능력의 깊숙한 안에 있다. 시민으로서 우리들은 지금 행동이 필요할 때라고 강력하게 느끼고 있다.

1968년 5월 27일

성명서 제안자: 폴 새뮤얼슨Paul Samuelson, 제임스 토빈James Tobin, 존 케네쓰 갤브레이쓰John Kenneth Galbraith, 해롤드 워츠Harold Watts, 로버트 램프먼Robert Lampman. (Economists' Statement on Guaranteed Annual Income, 1968.)

경제학자들의 성명은 대략 다음과 같이 요약할 수 있다. 기존의 선별소득보장 제도는 많은 문제점을 가지고 있다. 자격 심사 과정에서 자격자가 탈락하고 무자격자가 선정되는 등 불공정하고, 노동 유인을 없애고, 심지어 가족 형성 유인마저 없앤다. 국가는 모든 국민에게 최저소득을 보장해야 한다. 작동할 수 있고 형평성 있는 소득보장 정책은 선정 기준이 객관적이어야 하고 노동 유인을 없애서는 안 된다. 기본소득과 마이너스소득세는 이런 조건을 충족시키는 정책이다.

(3) 제임스 토빈

킹의 기본소득운동과 경제학자들의 청원은 정치적 영역으로 수용되어, 닉슨Nixon은 1969년 「가족지원계획Family Assistance Plan(FAP)」이라는 법안을 발의했다. 법안의 구체적인 내용을 4인 가족의 경우를 예로 들면 설명해 보자. 아무런 가구 소득이 없을 때에는 1,600달러의 기초보조금을 지급한다. 가구 소득이 있으면, 처음 720달러까지는 기초보조금을 삭감하지 않고 그 이후에는 추가 소득의 50%에 해당하는 금액을 기초보조금에서 공제해서 보조한다(한계 세율 50%). 이렇게 하면 가구소득이 3,920달러인 가구는 보조금이 0원이 된다.[*] 가구 단위의 마이너스소득세라고 할 수 있다.

이 법안은 1970년 4월 15일 하원을 통과했지만, 1970년 11월 20일 상원 재무위원회에서 부결됐다. 1972년 닉슨은 FAP법안을 수정하여 다시 제출했다. 이 수정안도 하원에서는 통과됐지만 상원에서 10표 차로 부결됐다(Widerquist and Sheahen, 2012).

남부 출신 등 공화당 우파는 소득보장 자체에 반대했고, 민주당 좌파 의원들은 금액이 너무 적다고 반대했다.[**] 미국을 유럽 수준의

---

[*] 소득이 없을 때 보조금은 기초보조금 1,600달러다. 소득이 3,920달러면 1,600달러[=(3,920-720)×0.5]만큼 보조금이 삭감되므로 보조금은 0달러[=1,600-1,600]가 된다.

[**] 이것은 우리나라에서 노무현 대통령 시절, 「국가보안법」 독소 조항을 없애자는 법안이 원래부터 법안을 싫어하던 야당과 독소 조항만이 아니라 국가보안법 자체를 없애야 한다고 주장한 여당 좌파의 반대로 부결된 것과 유사하다.

복지국가로 만들 수 있었던 법안은 공화당 우파와 민주당 좌파의 기이한 연합에 의해서 실패했다.

보다 기본소득에 가까운 야심적인 마이너스소득세 법안은 제임스 토빈James Tobin과 로버트 솔로우Robert Solow(1987년 노벨 경제학상 수상)의 설득으로 민주당 조지 맥거번George McGovern 후보의 1972년 대통령 선거 강령에 포함됐다. "평민 급여demogrant"라는 별명이 붙은 맥거번의 공약은 시민 1인당 연간 1,000달러를 보장하는 내용이었다. 보장 금액이 닉슨의 2.5배였다. 그러나 평민 급여에 대한 공격이 본격화되자, 맥거번은 선거공약에서 평민 급여를 빼 버렸다. 맥거번은 재선이 유력했던 닉슨을 넘어서지 못하고 패배했다.

당시의 안타까운 상황을 토빈은 죽기 1년 전인 2001년, 83세 때 인터뷰에서 다음과 같이 회상했다.

불행하게도 맥거번과 그의 정치 참모들은 숫자에 밝지 못했다. 정치 참모들은 맥거번과 오랜 경험을 통해서 매우 가까운 사이였는데, 우리 경제학자들을 질투했고 정책에 우선순위를 두지 않았다. 우리의 제안과 예산 비중을 아는 사람은 아무도 맥거번의 캘리포니아 유세에 따라가지 않았다. 결국, 예비선거 경쟁자였던 험프리 상원의원의 비판과 언론의 비난에 대해서 맥거번이 제대로 대답하지 못하자 상황이 나빠졌다. 모이니한의 자문을 받아들여 가족지원계획을 제안했던 닉슨이 본 선거에서 근본적으로 같은 정책을 비판했다는 것은 역설적이다. 마이너스소득세 특징이 빠져서 과다한 예산 부담으로 실패할 수밖에 없었던 보편 아동수당을 지지했던 사회복지 경향의 노동자들의 영향을 받은 민

주당원들이 우리 제안을 없앤 것도 역설적이다.[*] (BIEN, 2011, p. 5)

1960년대 미국의 기본소득운동은 실패했지만 기본소득과 관련하여 세 가지 유산을 남겼다.

① 1975에 도입된 근로장려세제earned income tax credit(EITC). 이것은 저소득층 근로자들에게 노동 유인을 없애지 않는 방식으로 지급하는 보조금이다. 일을 하지 않을 때에 지급되는 기초보조금이 없는 것이 마이너스소득세와의 가장 큰 차이다.[**]

② 기본소득(마이너스소득세) 실험.[***] 당시 기본소득에 대한 가장 강력한 반대는 노동 유인 감소 문제였다. 닉슨의 법안을 둘러싼 논쟁이 전개되는 동안, 실험을 통해서 노동 유인이 얼마나 감소하는지 확인해 보자는 합의가 이루어져서 대규모 실험이 시행됐다.

③ 알래스카의 기본소득.

---

[*] 토빈의 회상 중에 들어있는 세 가지 요소가 흥미롭다. 첫째, 관우와 공명. 정치 참모와 정책 참모. 정치 참모는 후보와 오랜 인연이 있어서 정치적 힘이 있는데, 최근에 결합한 정책 참모를 질투한다. 정치 참모가 정책에 관여하도록 하면, 힘이 세기 때문에 정책을 주도하게 되고 가치와 철학에 따라 판단하지 않고 변덕스러운 여론에 따라 판단하다가 결국 일을 그르치게 된다. 둘째, "내로남불." 자기가 하던 정책도 남이 하면 비판한다. 셋째, 우리 안의 적. 정책을 없앤 주범은 같은 당 반대 분파다. 같은 당이면서도 자신들이 싫어하는 정책을 막기 위해서 다른 당의 비판을 구실로 삼는다.

[**] 모두에게 보조금을 지급하자는 기본소득이나 마이너스소득세 제안에서 후퇴하여, 노동하고 결혼하고 애를 낳은 워킹 푸어(노동하는데도 가난한 사람)에게만 보조금을 주자고 합의한 제도다. 한계 세율을 100%로 만들지 않기 때문에, 기본소득이나 마이너스소득세처럼 노동 유인을 없애지 않는 보조금 지급 방식이다. 우리나라에서는 2009년 근로장려세제를 도입했고, 2019년 문재인 정부는 이것을 상당한 규모로 확대했다. 이 문제는 제10장에서 조금 더 살펴보려고 한다.

[***] 이 장에서는 전후 맥락에서 혼동의 여지가 없는 경우, 기본소득과 마이너스소득세를 엄밀하게 구분하지 않고 사용하려고 한다.

(4) 마이너스소득세 실험

1968년부터 시작된 미국과 캐나다의 마이너스소득세 실험은 미국 네 곳, 캐나다 한 곳에서 진행됐다. 미국 뉴저지New Jersey에서는 1,357가구를 대상으로 3년 동안, 농촌 지역Rural에서는 809가구를 대상으로 3년 동안, 시애틀-덴버Seattle-Denver에서는 809가구를 대상으로 최장 20년 동안, 개리Gary에서는 1,800가구를 대상으로 3년 동안, 캐나다 마니토바Manitoba에서는 1,300가구를 대상으로 3년 동안 진행됐다("민컴Mincome 실험").

마이너스소득세에서 소득이 없을 때 보조하는 기초보조금(최대보조금)은 빈곤 수준을 기준으로 설계됐는데, 50%에서 140%까지로 상당한 소득효과를 일으킬 만한 금액이었고, 소득이 생겼을 때 보조금을 삭감하는 한계 세율은 30%에서 75%까지였다. 특히 시애틀-덴버 지역의 실험은 가장 큰 규모로 가장 너그럽게 설계됐다.

방대한 실험 결과는 다수의 계량경제학자들에 의해서 다양한 계량 분석 방법을 사용하여 여러 차례 분석됐다. 다음의 〈표 2.7.2〉는 그중 하나다.

〈표 2.7.2〉 실험 결과: 연간 노동시간 감소분 (단위: 시간)

실험	남편	아내	여성 가구주
마니토바(캐나다)	−20(1%)	−15(3%)	−56(5%)
뉴저지	−57(3%)	−62(28%)	
농촌 지역	−93(5%)	−180(28%)	
시애틀-덴버	−135(8%)	−129(20%)	−134(13%)
개리	−76(5%)	−18(6%)	−84(23%)
미국 전체	−69(6%)	−70(19%)	−85(15%)

자료: Hum and Simpson(1993b), p. 448.

미국 전체로 보아서 남편의 경우 연간 6%, 아내의 경우 연간 19%, 여성 가구주의 경우 연간 15%의 노동시간 감소가 있었다. 캐나다의 마니토바 지역은 노동시간 감소 폭이 가장 작았다. 전체적으로 노동시간 감소 폭은 남편이 가장 작았다. 관대한 실험 설계를 고려했을 때, 이 정도의 노동시간 감소분은 우려했던 것보다 크지 않은 것으로 해석될 수 있다. 충분히 먹고살 수 있을 정도의 소득을 보장했는데도 노동시간이 10% 전후만 감소한 것이다.

그러나 당시의 정치인들은 이 정도의 노동시간 감소를 매우 나쁜 것으로 해석했다. 특히 시애틀-덴버 지역에서 흑인들의 이혼율이 57%, 백인들의 이혼율이 53%나 증가한 것으로 보고되자, 기본소득을 지지했던 주요한 정치인들이 반대로 돌아서 버렸다. 그러나 1990년에 다시 행해진 분석에 의하면 이러한 이혼율의 증가는 통계적 오류임이 드러났다. 어떤 지역에서도 이혼율의 유의미한 변화는 없었다(Forget, 2011, p. 288).

그 뒤의 분석들에 의해서 당시의 노동시간 감소에 대한 추정이 과장됐다는 것이 드러났다. 현대적인 계량 분석 모형을 사용하여 다시 분석한 결과, 노동 유인 감소는 아주 미미했다는 것이 드러났다(Hum and Simpson, 1993a: 282). 보조금을 더 받기 위하여 시장소득을 축소하여 보고함으로써 노동시간 감소가 과장됐다는 것이 발견됐다(Marinescu, 2017, p. 10).*

결과를 해석할 때 노동시간 감소와 고용 감소를 구별해야 하는 것도 중요하다. 실험으로 인해서 사람들이 노동하기를 그만둔 것(이

---

* 이것은 마이너스소득세를 실제로 실행하려고 할 때 도덕적 해이와 행정비 때문에 매달 소득에 따라 상이한 금액을 지불하는 것은 매우 어렵다는 것을 보여 준다. 실험의 결과로부터, 마이너스소득세를 시행한다고 하더라도 현실적으로는 매달 정액을 선불로 지급하고 연말에 정산하는 방식, 즉 기본소득과 기본소득세를 결합하는 방식으로 실행할 수밖에 없다는 함의를 도출할 수 있다.

것은 고용률로 측정할 수 있다)과 노동시간을 줄인 것은 전혀 다른 이야기다. 고용률에 미친 영향은 시애틀-덴버 지역을 제외한 지역에서는 모두 통계적으로 유의미하지 않았다(Marinescu, 2017, p. 10).

노동시간을 줄인 이유도 추가적인 분석을 통하여 드러났다. 남자는 주로 교육과 훈련을 늘리기 위해서였고, 여자는 아이를 돌보기 위해서였으며, 청년들은 자기 계발을 해서 취업을 늦추기 위해서였다(Levin et al. 2005, p. 99). 이것은 오히려 바람직한 노동시간 감소라고 해석할 수 있다. 노동시장 이외의 영역에서도 바람직한 효과들이 확인됐다. 기본소득보장은 학교 출석 증가, 주택 소유 증가, 영양 개선 등 사회적으로 바람직한 결과들을 가져왔다. 훔과 심슨은 "기본소득을 보장할 경우 부작용은 거의 없었고 노동 유인 감소 효과는 생각했던 것보다 크지 않았다"(Hum and Simpson, 1993a, p. 287)라고 결론을 내리고 있다.

포제Evelyn Forget는 당시 실험에서 주민 전체가 실험 대상이 된 캐나다 도핀Dauphin 시의 실험 결과를 당시의 의료 기록과 연결시켜 분석했다. 실험 기간 동안 도핀 시는 소득이 기준 이하로 떨어지면 누구든지 당국에 보고하기만 하면 즉각 보조금을 받을 수 있는 가난이 없는 도시였다. 실험 기간 동안 대략 1/3 정도의 시민들이 보조금을 받았다. 포제는 이 기간 동안 병원 입원, 사고로 인한 병원 입원, 정신질환으로 인한 병원 입원이 의미 있게 감소했다는 것을 확인했다. 정신질환뿐만 아니라 사고로 인한 병원 입원까지 감소했다는 것은 공동체효과라고 보아야 할 것이다. 전체적으로 병원 입원은 8.5% 감소했는데, 이것을 2010년 캐나다 전체의 병원 입원비로 환산하면 47억 달러나 되는 큰 금액이다(Forget, 2011, p. 300). 의료비의 감소분만 가지고도 기본소득보장 비용의 상당한 부분을 충당할 수 있다고 할 수 있다.

미국과 캐나다의 마이너스소득세 실험은 비교 대상이 선별소득보장이 아니라 무복지 상태였다는 점이 중요하다. 따라서 실험 결과는 주로 소득효과가 작용한 결과다. 그리고 도핀 시를 제외하면 승수효과나 공동체효과를 측정할 수 없는 실험이었다. 비교적 충분한 금액을 보장했고 소득효과가 큰 저소득층을 대상자로 선정했는데도, 고용 감소는 거의 없었고, 노동시간이 10% 정도 감소했고, 감소 사유가 타당한 것이었으며, 노동시간 이외에 건강, 영양, 학업 등에서 긍정적인 효과가 나타났다면, 상당히 성공적인 실험 결과라고 해석해야 할 것이다. 만약 소득효과에 승수효과가 더해졌다면 노동시간 감소마저도 나타나지 않았을 가능성이 있다.

(5) 제이 해먼드

미국의 기본소득운동이 완전히 실패한 것은 아니었다. 알래스카 주에서는 제이 해먼드Jay Hammond라는 공화당 주지사에 의해서 기본소득이 성공적으로 도입됐다.

해먼드가 주의회 상원의원으로 활동할 시절인 1969년 프루도 만Prudhoe Bay에서 석유가 발견됐다. 석유 판매로 9억 달러의 수입이 생겼는데, 정치인들이 자기와 가까운 소수의 사람과 지역을 위하여 쓸데없는 토건 사업 등에 마음대로 쓰면서 대부분 낭비되어 사라지는 것을 경험했다.

그 뒤 연어 잡이로 유명한 브리스톨 베이 버로Bristol Bay Borough시 시장이 됐다. 그는 본토의 기업은 연어를 잡아가서 부자가 됐는데도 정작 브리스톨 시민들은 가난에 시달리고 있는 것을 보고, "브리스톨 주식회사Bristol Inc."정책을 제안했다. 물고기에 3%의 로열티를 부과해서 펀드를 만들고 그 수익을 균등하게 나누어 가지자는 제안이었는데, 시의회의 반대로 실현되지 못했다. 정책에 "주식회사"라는 이름을 붙인 이유는 모든 시민을 주주로 만들자는 생각에서였다.

1974년 주지사에 당선된 이후, 쿡 어구Cook Inlet의 천연가스에 대하여 채취세를 부과하는 데 성공했다. 채취세로 인하여 주민 1인당 19달러 지출이 늘었지만, 1인당 150달러의 수익이 생겼다. 이것을 세액공제 형태로 분배했는데, 몇 년 지나니까 아무도 150달러 세액공제가 있는 줄 모르게 됐다. 150달러를 수표로 주었더라면 주민들이 더 분명하게 공유 자원이 있다는 것을 인식하고, 정치인들에게 공유 자원으로부터 최대한의 배당을 만들어내라고 요구했을 것이다. 공유 자원으로 영구기금을 만들고 영구기금의 수익을 배당하는 것이 필요하다는 판단을 내리게 됐다.

1976년 주민 투표를 통하여 알래스카영구기금Alaska Permanent Fund(APF)이 만들어졌고, 자원에 부과되는 로열티의 25%를 기금으로 조성하기로 했다. 석유 수입의 작은 부분이나마 영구적인 부의 축적으로 전환시키는 데 성공했다. 첫 번째 주지사 임기에는 영구기금을 만드는 데는 성공했지만 배당까지는 하지 못했다. 두 번째 주지사 임기 중에 영구기금 수익을 배당하는 데 성공했다. 1982년 1,000달러의 배당을 시작으로 지금까지 이어지고 있다.

배당은 주 정부가 마음대로 지출하는 것을 억제하고 주민들 스스로 자기 돈을 어디에 쓸지 결정할 수 있게 만든 것이었다. 배당은 주민들의 자본 형성을 도왔고, 조세 기반을 확대하여 주 정부의 재정에 도움을 주었다. 소수만 특혜를 보던 각종 보조금을 줄이고 다수의 이익으로 환원한 것이었다. 배당이 아니었으면 현재 알래스카영구기금으로 남아 있는 수백억 달러는 오래전에 사라졌을 것이다. (이상은 해먼드의 자서전(Hammond, 1994, 2012)에서 발췌하여 요약한 것이다.)

특히 그는 배당의 의의를 다음과 같이 일곱 가지로 설명하고 있다.

① 정치인들의 침공으로부터 기금을 지켜낼 수 있는 전투적 분파를 배당 수급자들 사이에 만드는 것.

② 한시적으로 석유를 뽑아내는 석유 우물(유정)을 영구히 돈을 뽑아내는 돈 우물(금정)로 바꾸는 것.

③ 소수의 선별적 탐욕selective greed에 대항하여 다수의 집단적 탐욕collective greed을 경쟁시키는 것.

④ 일부 주민들을 복지 수급자에서 벗어나게 만드는 것.

⑤ 기금을 축적하고 수익의 일부만 배당함으로써 외부로부터 너무 많은 인원이 알래스카로 이주하지 않도록 하는 것.

⑥ 주민들에게 소유주 의식을 일깨워서, 건강한 지출과 건강하지 못한 지출을 구별할 수 있게 하는 것.

⑦ 논란이 되는 사업에 정부 지출을 하지 않도록 하는 것.

(Hammond, 2012, pp. 19~20)

1982년에 시작된 영구기금배당은 매년 1,000달러와 3,000달러 사이에서 지급됐다. 알래스카 1인당 GDP의 2~5% 정도의 많지 않은 금액이다. 그동안 부자들의 세금 부담을 줄여 주기 위하여 배당을 없애려는 정치인들의 시도가 있었지만, 해먼드가 설계한 대로 전투적 시민, 다수의 탐욕, 주인 의식을 가진 사람들이 그런 시도를 저지했다.

해먼드가 영구기금으로 만든 것은 알래스카 석유 수입의 극히 일부분에 불과하다. 만약 주 정부에서 석유 수익의 2/3를 확보하고 그것을 전부 기금으로 만들어서 배당할 수 있었다면, 알래스카는 2018년 1인당 12,000달러 이상을 배당하여 빈곤이 없는 주가 됐을 것이다(Widerquist, 2018).

(6) 기저귀 채우기

"나는 석유를 악마의 똥이라고 부르겠다. 그것은 문제를 가져온다. …… 이 광기를 보라 — 낭비, 부패, 소비. 우리의 공공 서비스는 해체되고 있다. 그리고 빚, 우리는 오랫동안 빚에 시달릴 것이다." 해먼드는 석유수출국기구OPEC 창시자 중의 한 사람의 말을 인용하면서 자신의 자서전(Hammond, 2012)의 제목을 "악마에게 기저귀 채우기Diapering the Devil"라고 붙였다.

천연자원이 많은 나라가 더 못살게 되는 현상을 "천연자원의 저주"라고 부른다. 와이더키스트(Widerquist, 2018)는 천연자원의 저주가 일어나는 경로를 세 가지로 분류했다. 첫째는 환율을 통한 저주인데, 자원을 많이 수출하여 환율이 올라감으로써 농업이나 제조업이 쇠퇴하는 경우다. 네덜란드에서 이런 일이 발생한 적이 있어서 "네덜란드병Dutch disease"이라고도 불린다. 둘째는 정치적 저주인데, 자원을 둘러싸고 여러 세력 사이에 전쟁이 일어나거나 독재가 등장하는 저주다. 이라크를 생각해 보면 좋을 것이다. 셋째는 자원이 있을 때에는 경제가 번영하다가 자원이 고갈되고 나서 쇠퇴하는 저주다.

천연자원의 저주는 첫째, 둘째, 셋째 어떤 경로로든 소득분배의 불평등을 확대시킨다. 그러나 알래스카는 석유 발견 이후에도 미국에서 가장 평등한 주에 속한다. 2018년 주별 지니계수를 보면 가장 평등한 주는 유타(0.4063), 알래스카(0.4081) 순이었고(https://en.wikipedia.org/wiki/List_of_U.S._states_by_Gini_coefficient), 가장 불평등한 주는 워싱턴 DC(0.5420), 뉴욕(0.5229)이었다. 상위 1% 평균 소득의 하위 99% 평균 소득에 대한 비율은 다음의 〈표 2.7.3〉과 같다. 표의 순서는 불평등한 순서다.

<표 2.7.3> 미국의 주별 상하위 평균 소득 비율 (2013년)

순위	주	상위 1%	하위 99%	하위에 대한 상위의 크기
1	뉴욕	$2,006,632	$44,163	45.4
2	코네티컷	$2,402,339	$56,445	42.6
3	와이오밍	$2,118,167	$52,196	40.6
4	네바다	$1,386,448	$36,169	38.3
5	플로리다	$1,265,774	$36,530	34.7
6	매사추세츠	$1,692,079	$56,115	30.2
7	캘리포니아	$1,411,375	$48,899	28.9
8	텍사스	$1,301,618	$48,350	26.9
9	뉴저지	$1,453,741	$57,447	25.3
10	일리노이	$1,207,547	$48,684	24.8
...				
41	아이다호	$738,278	$45,254	16.3
42	버몬트	$735,607	$45,719	16.1
43	델라웨어	$768,109	$48,371	15.9
44	뉴멕시코	$593,739	$37,995	15.6
45	네브래스카	$872,892	$57,076	15.3
46	메인	$612,494	$41,165	14.9
47	웨스트버지니아	$488,634	$34,407	14.2
48	아이오와	$714,758	$51,248	13.9
49	하와이	$690,073	$51,033	13.5
50	알래스카	$833,117	$63,226	13.2
	미국 전체	$1,153,293	$45,567	25.3

자료: Sommeiller et al., 2016, pp. 7~8.

〈표 2.7.3〉에서 확인할 수 있듯이 알래스카는 소득분배가 가장 평등한 주라고 할 수 있다. 그러나 이러한 소득분배의 평등이 반드시 기본소득의 효과 때문이라고는 말할 수 없다. 알래스카는 원래부터 평등한 주였을 가능성이 있기 때문이다. 다만 석유 자원의 발견에도 불구하고 천연자원의 저주에 빠져서 불평등한 주로 바뀌지 않은 것만은 확실하다.

미국에서 알래스카 기본소득(영구기금배당)은 1982년부터 30년

〈그림 2.7.5〉 고용률 1977년~2014년

자료: Jones and Marinescu, 2018, p. 27.

이상 지속됐지만 그것의 경제적 효과에 대해서는 통계학적으로 의미 있는 분석을 한 적이 없었다. 알래스카 기본소득은 실험이 아니라 바로 시행되어서 비교를 위한 대조군을 설정할 수 없었기 때문이다.

그러나 최근 존스와 마리네스쿠(Jones and Marinescu, 2018)는 아바디 등(Abadie, Diamond and Hainmueller 2010)이 제안한 합성적 대조 방법 synthetic control method을 사용하여 알래스카 기본소득의 거시경제적 효과를 측정했다. 합성적 대조 방법을 쉽게 요약하면, 다른 여러 주를 합성하여 기본소득이 지급되지 않았을 때의 알래스카 경제를 재현해서 비교 대상으로 삼는 방법이라고 할 수 있다.

기본소득이 고용에 미친 영향은 〈그림 2.7.5〉에 요약되어 있다. 그림에서 인공 알래스카는 기본소득을 지급하지 않았을 때의 알래스카를 의미한다.

그림에서 확인할 수 있듯이, 기본소득을 지급하는 알래스카와 지급하지 않는 알래스카 사이에 고용률에 통계적으로 의미 있는 차이

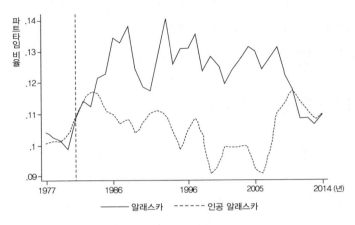

〈그림 2.7.6〉 파트타임 노동의 비율 1977년~2014년

알래스카   ----- 인공 알래스카

자료: Jones and Marinescu, 2018, p. 28.

가 없었다. 이것은 기본소득이 일자리를 줄이지 않았다는 것을 의미
한다. 소득효과에 관한 기존 연구 결과를 적용하면, 알래스카 기본소
득은 0.5%p 노동 공급을 줄이는 소득효과를 갖는다. 그런데도 고용
률이 줄지 않았다는 것은 승수효과 등 거시경제 효과가 그만큼 일자
리를 늘렸다는 것을 의미한다(Jones and Marinescu, 2018, p. 20).

〈그림 2.7.6〉에는 파트타임 노동의 비율이 나와 있다. 기본소득을
지급한 알래스카에서는 파트타임 노동이 1.8%p(17%) 증가했고, 이것
은 통계적으로 유의하다. 알래스카 산업을 교역재(수출산업)와 비교
역재(내수산업) 부문으로 나누면, 교역재 부문에서 고용의 감소와 파
트타임 노동의 증가가 일어났고 비교역재 부문에서는 고용 감소와 파
트타임 노동의 증가가 일어나지 않았다(Jones and Marinescu, 2018, p. 20).

이상을 종합하면, 알래스카 기본소득은 고용은 줄이지 않으면서
파트타임 노동을 증가시킨 결과를 가져왔다. 고용이 줄지 않은 것은
기본소득이 한편으로는 개별 가구의 노동 공급은 줄였지만 다른 한

편으로는 거시경제적으로 노동 수요를 증가시켰기 때문이다. 기본소득 실시 이후 다른 복지 지출은 거의 변화가 없었다. 이것은 기본소득이 의료 등 다른 복지 지출을 구축할지(감소시킬지) 모른다는 우려를 불식시켜 준다(Jones and Marinescu, 2018, p. 22).

핀란드 기본소득 실험의 결과

2019년 2월 8일, 핀란드 기본소득 실험의 1차년도 결과에 대한 예비 분석이 발표되었다. 발표의 요지는 기본소득을 주어도 고용 증가는 없었고 행복이 증가하였다는 것이다. 이 결과에 대해서 일부 언론은 막대한 예산을 들여서 기본소득을 주어도 일자리를 늘리지 못했으므로 기본소득 실험은 실패한 것이라고 보도하였다.

이러한 비판에 대하여 기본소득한국네트워크는 다음과 같은 논평을 발표하였다.

핀란드 기본소득 실험 예비 결과로 알 수 있는 것은 무엇인가?

① 노동시장 성과와 관련하여 기본소득을 받은 집단과 실업급여를 받은 집단 간 유의미한 차이가 발견되지 않았다. 기본소득을 지급받은 집단에서 평균 고용 일수와 창업을 통해 자영업에 종사한 대상의 비중이 실업급여를 지급받은 집단에 비해 높게 나타났지만, 통계적 차이가 확인되지 않았다. 기본소득을 받은 사람의 고용 성과가 실업급여 수급자에 비해 개선되지도 악화되지도 않았다는 의미다.

하지만 그동안 기본소득이 노동 유인을 떨어뜨린다는 주장이 있다는 것을 감안하면 기본소득이 그렇지 않다는 증거가 나왔다고 볼 수 있다. 물론 취업자에게 기본소득을 주는 실험이 아니었기 때문에 이럴 경우 고용에서 어떤 변화가 있을 수 있는지는 현재로서는 알 수 없다.

실업과 고용의 문제는 개인들의 노동 유인만으로 설명할 수 없고, 개인들의 기술, 숙련, 건강, 가족 관계와 사회적 관계 그리고 거시경제적 상황까지 여러 가지를 고려해야 한다. 따라서 기본소득 자체가 고용 수준을 높일 수 있는가라는 문제는 이와 관련해서 매우 제한적인 대답만을 얻을 수 있다.

② 여러 측면에서 행복하다는 결과가 나왔다. 삶의 만족도도 더 높고, 스트레스를 덜 겪고, 타인에 대한 신뢰와 사회시스템에 대한 신뢰가 더 높았으며, 건강 및 집중력 수준도 더 높았다. 여기에 더해 자신의 미래에 대한 확신, 사회적 쟁점에 영향을 미칠 수 있는 자신의 능력에 대한 자신감도 더 크다고 한다.

앞서 말했듯이 데이터 조사에서는 고용 수준에서 별다른 차이가 없었지만 일자리 전망에 대해 기본소득을 받는 사람들이 대조군 사람들에 비해 더 긍정적인 태도를 가지고 있다는 것이 드러났다.

③ 전화 설문 조사를 통해 알 수 있었던 것 가운데 하나는 기본소득을 받는 사람들이 대조군에 있는 사람들에 비해 기본소득에 대한 지지도가 높다는 것이다.

핀란드의 경우 2017년에 여론조사의 종류에 따라 기본소득 지지도가 40퍼센트에서 80퍼센트까지 다양하게 나왔다. 이렇게 차이가 나는 것은 질문의 구성 방식과 제시된 기본소득 모델이 다르기 때문이다.

이번 예비 결과를 통해 알 수 있는 것은 한국에서 '복지 경험'이라는 말로 이야기되는 것과 마찬가지로 기본소득에 대한

직접적 경험이 기본소득에 대해 좀 더 긍정적인 태도를 갖게 한
다는 것이다.

(http://basicincomekorea.org/remark-190211_preliminary-results-of-
finland-bi-experiment/)

논평을 요약하면, 핀란드의 기본소득 실험을 통하여, 노동 유인
이 감소되지 않았고, 사람들이 더 행복해졌으며, 기본소득에 대한 지
지가 높아졌다는 세 가지 사실이 확인된 것이다.

핀란드 실험 결과의 해석과 관련하여 몇 가지를 분명히 하고 싶
다.

첫째, 실험의 성격에 관한 문제. 핀란드 기본소득 실험은 구직수
당을 받던 사람 중 2,000명을 선발해서 기본소득을 주는 실험이었다.
비교 상태는 무복지 상태가 아니라 선별복지 상태다. 일자리와 관계
되는 소득효과, 대체효과, 승수효과, 공동체효과 중에서 대체효과만
알아보는 실험이다. 대조군이나 실험군이나 동일하게 560유로가 보
장되므로 소득효과를 측정할 수는 없다. 실험 규모가 작으므로 승수
효과나 공동체효과를 알 수 없다.

둘째, 고용이 늘어나지 않은 것과 노동 유인(노동 공급)이 늘어
나지 않은 것을 구별해야 한다. 노동 유인이 높아지더라도 노동 수요
가 늘어나지 않으면 고용이 늘어날 수 없다. 실제로 보고서를 보면
실험자들의 노동 유인이 유의미하게 높아졌다고 볼 수 있는 설문 항
목이 있다.

셋째, 이번 기본소득 실험으로 막대한 비용이 추가로 든 것은 아
니다. 조사비와 분석비를 제외하면 하나도 돈이 더 들지 않았다. 이
미 받고 있던 구직수당 금액만큼 그대로 기본소득으로 지급한 것이
다. 고용이 유의미하게 늘어나지도 않았으므로 추가된 금액은 없다.

기본소득은 선별복지(비교 상태)와 동일한 금액을 가지고 사람들을 더 행복하게 만든 것이다. 기본소득을 실행하지 않을 이유가 없다. 더 엄밀하게 말하면 기본소득의 경우가 구직수당보다 돈이 더 적게 들었다. 예비 보고서에 의하면 기본소득을 받는 사람들의 의료비 청구액은 121달러로 비교집단의 216달러보다 96달러 감소하였다(Kangas et al., 2019, p. 12). 기본소득은 선별복지와 비교할 때 더 적은 금액으로 더 건강하고 더 행복하게 만든 것이다.

제8장 기본소득과 임금: 이론적 접근

스핀햄랜드 제도

기본소득이 임금을 낮출 것이라는 주장은 기본소득이 노동 유인을 떨어뜨려 노동 공급을 줄일 것이라는 주장과 모순된다. 표준적인 노동시장 분석에서는 노동 공급이 줄면 임금이 오르기 때문이다.

높은 기본소득이 임금을 낮출 것이라는 주장은 설득력이 없다. 높은 기본소득은 소득효과로 인하여 힘이 들고 많은 사람이 싫어하는 일자리에 노동 공급을 줄일 가능성이 높으므로 이런 분야에서 임금은 상승할 것이다. 그래서 낮은 기본소득이 임금을 낮출 것이라는 주장이 대부분이다.

낮은 기본소득이 임금을 낮추는 역할을 할 것이라는 주장은 적어도 세 가지 입장에서 제시됐다. 첫째는 기본소득에 반대하는 전통적인 사민당의 입장이다. 독일 사민당은 기본소득이 저임금 일자리를 확산시키는 "콤비 임금Kombilohn"이라고 반대한다(윤홍식, 2017, 96쪽). 둘째는 높은 기본소득에는 찬성하지만 낮은 기본소득에 반대하는 좌파적인 입장이다. 블라슈케는 낮은 기본소득으로 인해 노동자들이 낮은 임금을 수용하게 되면 자본의 이윤은 그만큼 확대될 것이고 기본소득은 콤비 임금에 불과하게 되므로 높은 기본소득을 실시해야 한다고 주장했다(Blaschke, 2006). 셋째는 기본소득에 찬성하는 우파적인 입장이다. 피츠패트릭은 기본소득으로 인하여 임금이 시장청산 임금 수준으로 낮아진다고 보고 이런 효과를 우파들이 기본소득을 찬성할 수 있는 이유로 제시했다(Fitzpatrick, 1999, p. 84).

다른 한편으로 경험적인 결과를 들어서, 기본소득이 임금을 낮추고 노동시장에 많은 부작용을 낳을 것이라는 주장도 있었다. 1969년 미국의 닉슨 대통령은 기본소득에 가까운 법안(오늘날 기준으로 4인 가족 1만 달러 지급)을 준비하고 있었다. 그러나 이 법안에 강력하게 반대해 온 대통령 자문인 마틴 앤더슨Martin Anderson은, 주로 칼 폴라니 (Polany, 1957)를 인용하면서, 기본소득과 유사한 150년 전 영국의 스핀 햄랜드 제도Spinhamland system가 대중을 나태하게 만들었고, 교구의 재정 부담을 가중시켰으며, 임금을 낮추어 오히려 대중을 궁핍하게 만들었 다는 보고서를 제출했다. 보고서를 받은 닉슨 대통령은 크게 놀라 자 신의 법안에 강한 노동 의무를 집어넣었고, 이로 인하여 무조건적인 기본소득으로부터 크게 후퇴하게 됐다(Bregman, 2016, pp. 118~121).

그러나 스핀햄랜드 제도에 대한 폴라니의 평가는 단순하지 않고 양가적이라는 데 주의할 필요가 있다. 그는 스핀햄랜드 제도(1795년 ~1834년)에 노동시장 형성에 대한 저항으로서 노동자들이 생존권 을 확보하기 위해 벌인 투쟁이라는 의의를 부여하고 있다. 스핀햄랜 드의 저항이 끝나면서 비로소 시장경제가 완성됐다고 보았다(Polanyi, 1957, 제7장~제8장). 그리고 1799년~1800년의 「단결금지법」이 없었 더라면 스핀햄랜드 제도는 임금 인상 효과를 낳았을지 모른다고 추 정하기도 했다(Polanyi, 1957, p. 106).

스핀햄랜드 제도는 「구빈법위원회 보고서Poor Law Commisioner's Report」와 맬서스Thomas Malthus 등 시장경제를 옹호하는 경제학자들에 의해서 강하게 비판을 받고 1834년에 「수정구빈법Poor Law Amendment Act 1834」으로 바뀌게 됐다. 그러나 최근의 연구에 의하면 「구빈법위 원회 보고서」는 자료 조작에 기초한 것이었고, 폴라니의 평가도 조작 된 보고서에 기초한 것이었다. 실제로는 보고서의 평가와 반대로, 빈 곤을 효과적으로 감소시켰고, 나폴레옹 전쟁으로 인한 위기의 시기 에 농민 반란을 억제하는 역할을 했으므로, 실패가 아니라 성공이었다(Bregman, 2016, pp. 124~126).

그런데 기본소득은 스핀햄랜드 제도와 본질적으로 다르다. 스핀햄랜드 제도는 노동자들의 실질소득을 보장하기 위한 임금보조금 제도라고 볼 수 있다. 노동자들의 임금이 하락하거나 빵 값이 올라서 임금으로 필요한 만큼의 빵을 살 수 없게 되면, 부족한 만큼의 소득을 교구에서 보조하는 제도다. 다음의 표와 같이 빵의 가격에 따라 노동자에게 일정한 실질소득이 보장된다.

〈표 2.8.1〉 1795년 스핀햄랜드 제도 실질소득보장 표

	1갤런의 빵 가격 (단위: 실링/페니)						
	1/–	1/1	1/2	1/3	1/4	1/5	1/6
독신 남성	3/0	3/3	3/6	3/9	4/–	4/–	4/3
남편과 아내	4/6	5/–	5/2	5/6	5/10	5/11	6/3
남편, 아내와 자녀 1인	6/–	6/5	6/10	7/3	7/8	7/10	8/3
남편, 아내와 자녀 2인	7/6	8/0	8/6	9/–	9/6	9/9	10/3

자료: http://www.historyhome.co.uk/peel/poorlaw/speen.htm

〈표 2.8.1〉은 다음과 같이 읽는다. 1갤런의 빵 가격이 1실링일 때에는 독신 성인 남성에게 매주 3실링의 보조금이 지급된다. 아내가 있으면 여기에 1실링 6페니가 추가된다. 만약 1갤런의 빵 가격이 1실링 4페니인 경우에는 매주 4실링을 지급하고 아내가 있으면 1실링 10페니가 추가된다.[*] 즉, 빵 가격이 1페니 오를 때마다, 남자 몫으로 3페니 더 받고 아내 몫으로 1페니 더 받는다(Polanyi, 1957).

임금보조금인 스핀햄랜드 제도를 기본소득과 동일시하는 것은 논리적 오류라고 할 수 있다. 비슷해 보이지만 다른 제도이기 때문에 매우 다른 효과를 가질 수 있기 때문이다. 노동하는 사람에게만 지급

---

[*] 영국에서는 1971년까지 1실링 = 12페니, 1파운드 = 20실링이었다. 그 이후에는 실링은 없애고, 1파운드 = 100페니를 쓴다.

되는 보조금과 무조건적으로 지급되는 보조금은 어떤 차이를 가질 것인가? 이하에서 분석하여 보자.

존 내쉬,《뷰티풀 마인드》

여기서는 게임이론으로 노벨 경제학상을 받은 존 내쉬(Nash, 1950, 1953)의 협상 이론을 이 장의 목적에 맞추어 단순화시켜 소개하려고 한다. (수학적으로 엄밀한 표현과 증명은 Nash(1950, 1953)를 참조하라.)

〈그림 2.8.1〉 협상문제와 내쉬 해

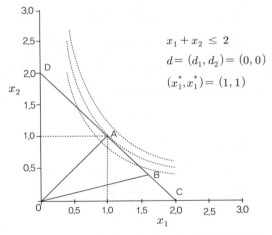

$$x_1 + x_2 \leq 2$$
$$d = (d_1, d_2) = (0, 0)$$
$$(x_1^*, x_1^*) = (1, 1)$$

기업가가 노동자를 고용하여 2의 부가가치를 생산한다고 가정한다. 노동자("1"로 표현)와 기업가("2"로 표현)는 이 부가가치를 나누는 협상을 한다고 가정한다. 부가가치 2를 가지고 나누어 가질 수 있는 점들의 집합을 "실현가능집합"이라고 부른다. 협상이 타결됐을 때 가져가는 노동자의 보수payoff를 x_1이라고 하고 기업가의 보수를 x_2라고 하면, 실현가능집합은 $x_1 + x_2 \leq 2$ 라는 부등식으로 표현할 수 있다. 협상이 결렬됐을 때 당사자들이 가져가는 보수 $d = (d_1, d_2)$ 를 "협상결렬점disagreement point"이라고 부른다. 여기서는 협상결렬점 이 $(0, 0)$이라고 가정한다.

이러한 가정 하에서 실현가능집합은 〈그림 2.8.1〉에서 원점과 C, D로 구성된 삼각형으로 나타나고, 협상결렬점은 원점으로 표시된다. 협상 문제는 실현가능집합인 삼각형 내에서 한 점을 선택하는 문제 가 된다.

내쉬는 바람직한 협상 결과가 가져야 할 네 가지 공리로부터 연 역적으로 도출하여 협상의 준거점을 제시했다(Nash, 1950). 이것을 "내쉬 해Nash solution"라고 부른다. 내쉬가 선택한 네 가지 공리는 효율 성, 대칭성, 측정 단위 독립성, 무관계 대안 독립성이다. "효율성"은 내쉬 해가 위의 그림에서 실현가능집합의 가장 바깥쪽인 직선 $\overline{CD}$상 에 있어야 한다는 것이다. 직선 $\overline{CD}$를 "효율경계"라고 부르자. "대칭 성"은 두 경기자가 대칭적이면 보수가 동일해야 한다는 것이다. 여 기서는 기업가와 노동자가 대칭적이라고 가정한다. "측정 단위 독립 성"은 실현가능집합의 측정 단위가 변하면 내쉬 해도 동일한 측정 단위로 바꾸면 된다는 것이다. "무관계 대안 독립성"은 관계없는 대 안 때문에 선택이 바뀌어서는 안 된다는 성질이다.[*]

내쉬는 협상 문제가 주어졌을 때 위의 네 가지 공리를 만족하 는 유일한 해 (x_1^*, x_2^*)가 존재하며, 이것은 $(x_1 - d_1) \times (x_2 - d_2)$을 극 대로 만드는 x_1과 x_2의 값이라는 것을 증명했다(Osborne and Rubinstein (1990) 참조). 이 곱을 "내쉬 곱Nash product"이라고 부른다. 내쉬 곱을 극대화하는 점은 원점을 지나는 기울기 45도 직선 $\overline{OA}$가 효율경계

---

[*] 구체적으로 다음과 같이 정의된다. 하나의 실현가능집합과 그때 선택된 내쉬 해가 있을 때, 그 해를 포함한 채로 실현가능집합이 줄어들면 줄어든 실현가능집합 하에서도 원래의 해가 선택되어야 한다.

$\overline{CD}$와 만나는 점이다. 여기서는 A가 내쉬 해가 된다.

여기서 원점을 지나는 직선 $\overline{OA}$를 "협상선"이라고 부르려고 한다. 협상선은 상대적 협상력이 큰 경기자가 상대적으로 더 많은 몫을 차지하게 된다는 것을 나타낸다. 위 그림에서 협상선의 기울기를 45도로 한 것은 두 경기자가 대칭이라고 가정했기 때문이다. 만약 어느 한 경기자의 상대적 협상력이 더 크다면 협상선의 기울기는 그 경기자에게 유리하게 기울어지게 된다. 예를 들어 노동자(경기자 1)의 상대적 협상력이 더 크다면 협상선은 $\overline{OB}$처럼 될 것이고, B가 내쉬 해가 될 것이다.*

내쉬의 협상 이론은 다음과 같이 요약할 수 있을 것이다. 두 경기자가 협상할 때에는 공정성, 효율성, 합리성 같은 기준에 입각해 볼 때 준거점이 생길 수 있으며, 이 준거점을 "내쉬 해"라고 부른다. 실현가능집합과 효율경계가 주어졌을 때, 준거점은 협상결렬점의 위치와 협상선의 기울기에 의해서 결정된다.

일반적으로 협상에 영향을 미치는 요인으로는 협상 태도(초조함), 협상 비용, 위험 회피 정도, 협상 테크닉, 명분, 외부 대안, 내부 대안 등 여러 가지가 있다. 여기서 "외부 대안"은 협상이 결렬됐을 때 다른 사람하고 협력하여 얻을 수 있는 확실한 보수이고 "내부 대안"은 혼자서도 얻을 수 있는 보수다(Muthoo, 2000). 이러한 요인들은 협상선을 움직이는 요인과 협상결렬점을 움직이는 요인으로 나눌 수 있다.

협상에서 중요한 전략 중의 하나가 "선언commitment"이다. 선언은 사전에 조건부 또는 무조건부로 어떤 전략을 쓰겠다고 공개적으

---

* 두 경기자가 대칭적이라는 가정을 완화해서 $(x_1 - d_1)^\alpha \times (x_2 - d_2)^\beta$을 극대로 만드는 해를 구하는 것과 마찬가지다. 이 곱을 "일반화 내쉬 곱generalized Nash product"이라고 부르고, 이때의 해를 "비대칭 내쉬 해"라고 부른다(Myerson, 1997, p. 390)

로 취소 불가능하게 말하는 것이다. 조건부 선언은 상대방의 협조적 행동에 대하여 상을 주겠다고 말하는 약속과 상대방의 비협조적 행위에 대하여 벌을 주겠다고 말하는 위협으로 나눌 수 있다(Schelling, 1960).

협상선을 유리하게 만드는 협상 테크닉보다 사전에 협상결렬점을 유리하게 움직이는 것이 더 중요할 수 있다. 협상결렬점이 불리하면 아예 협상 상황에 들어가지 않는다. 불가피하게 협상을 하게 되면 사전에 협상결렬점을 유리하게 움직인다. 유리한 협상결렬점이란 상대적인 개념이다. 자신의 협상결렬점만 더 좋게 만들어도 유리하게 되지만, 상대방의 협상결렬점도 좋게 만들면서 자신의 협상결렬점을 더 좋게 많든다든지, 자신의 협상결렬점을 나쁘게 만들면서 상대방의 협상결렬점을 더 나쁘게 만드는 전략 등은 모두 협상결렬점을 유리하게 만드는 전략이다. 협상결렬점 사전 이동 전략은 현재 상태 status quo가 협상결렬점이 되는 정치, 외교 분야에서 특히 중요하다.

외부 대안이나 내부 대안은 주로 협상결렬점에 관계되고, 협상 테크닉, 협상 태도(초조함), 협상 비용, 위험 회피 정도 등은 주로 협상선에 관계된다고 볼 수 있지만, 절대적인 구분은 아니다. 선언 전략도 주로 협상결렬점의 이동과 관련이 있다.

임금보조금의 내쉬 해

현재 상태에서 협상결렬점이 원점이고 협상선이 〈그림 2.8.1〉의 OA와 같은 모양이라고 가정하자. 현재 상태에서 내쉬 해는 협상선과 효율경계가 만나는 점 A(1, 1)가 된다. 현재 상태는 〈그림 2.8.2〉에서도 A로 표현되어 있다.

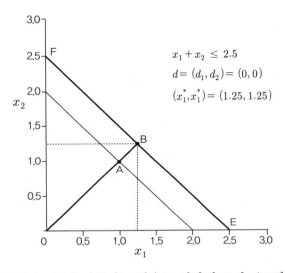

〈그림 2.8.2〉 임금보조금의 내쉬 해

$$x_1 + x_2 \leq 2.5$$
$$d = (d_1, d_2) = (0, 0)$$
$$(x_1^*, x_1^*) = (1.25, 1.25)$$

이제 임금보조금이 지급되는 경우를 생각해 보자. 〈그림 2.8.2〉에는 임금보조금으로 0.5를 지급하는 경우가 나와 있다. 임금보조금은 협상결렬점을 변화시키지 않는다. 협상이 결렬되면 노동자는 임금보조금을 받지 못하기 때문이다. 그러나 실행가능집합을 확대시킨다. 기업가와 노동자가 나눌 수 있는 잉여는 2에서 2.5로 늘어난다. 임금보조금이 기업가나 노동자의 협상 테크닉을 갑자기 변화시킨다고 보기는 힘들다. 임금보조금이 누구에 주어지느냐에 따라서 협상 명분이 약간 달라질 수 있겠지만, 협상선의 기울기를 크게 변화시키지는 못할 것이다. 여기서는 협상선의 기울기에 변화가 없다고 가정하자.

새로운 효율경계는 바깥으로 평행하여 이동하여 $\overline{EF}$가 된다. 내쉬 해는 협상선과 새로운 효율경계가 만나는 점 (1.25, 1.25)에서 결정된다. 임금보조금 0.5원은 기업과 노동자가 0.25씩 나누어 가지게 된다. 이것은 임금보조금이 합의된 임금이 1에서 0.75로 낮아진다는 것을 의미한다. 이와 같이 임금보조금은 임금을 낮추는 효과가 있다.

스핀햄랜드 제도 하에서 임금이 낮아진 것은 우연이 아니다.

구직수당의 내쉬 해

〈그림 2.8.3〉에는 구직수당 0.5를 지급하는 경우가 나와 있다. 협상이 결렬되면 노동자는 구직수당을 받을 수 있으므로, 협상결렬점은 원점 O(0, 0)에서 U(0, 0.5)로 변한다. 그러나 취업이 되면 구직수당을 받을 수 없으므로, 기업가와 노동자가 나눌 수 있는 잉여는 2 그대로다. 구직수당이 협상 테크닉을 변화시키지 않아서 협상선의 기울기가 변하지 않는다고 가정하면, 내쉬 해는 B(1.25, 0.75)가 된다. 이와 같이 구직수당은 노동자의 협상결렬점을 노동자에게 유리하게 움직여 줌으로써 임금을 인상시키는 효과가 있다. 만약 구직수당이 노동자들의 초조함을 줄여서 협상선의 기울기도 노동자에게 유리하

〈그림 2.8.3〉 구직수당의 내쉬 해

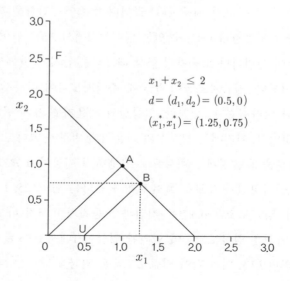

$$x_1 + x_2 \leq 2$$
$$d = (d_1, d_2) = (0.5, 0)$$
$$(x_1^*, x_1^*) = (1.25, 0.75)$$

게 바꾼다면, 노동자의 보수는 1.25 이상으로 증가할 것이다.

기본소득의 내쉬 해

〈그림 2.8.4〉 기본소득의 내쉬 해

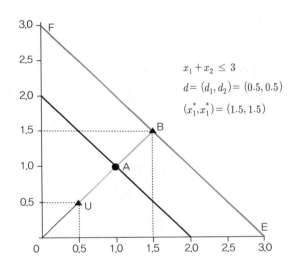

$$x_1 + x_2 \leq 3$$
$$d = (d_1, d_2) = (0.5, 0.5)$$
$$(x_1^*, x_1^*) = (1.5, 1.5)$$

〈그림 2.8.4〉에는 기본소득 0.5를 지급하는 경우가 나와 있다. 협상이 결렬되면 노동자와 기업가는 기본소득을 받을 수 있기 때문에, 협상결렬점은 O(0, 0)에서 U(0.5, 0.5)로 변한다. 그리고 취업이 되더라도 기본소득을 받기 때문에, 기업과 노동자가 나눌 수 있는 잉여는 3으로 증가한다. 협상 테크닉이 변하지 않아서 협상선의 기울기가 변하지 않는다고 가정하면, 내쉬 해는 B(1.5, 1.5)가 된다. 합의된 임금은 1 그대로다. 이처럼 기본소득은 협상결렬점을 중립적으로 움직여 줌으로써 기존의 협상 결과(반반씩 잉여를 나누어 갖던 것)를 변화시키지 않는 경향이 있다. 이것은 기본소득이 시장임금을 변화시

키지 않는다는 것을 의미한다. 물론 기본소득은 노동자들의 초조함을 상대적으로 더 줄일 수 있기 때문에, 협상선의 기울기도 노동자에게 유리하게 바꿀 가능성이 높다. 그렇게 되면, 시장임금이 다소 상승할 수도 있다.

이상을 종합하면, 내쉬의 협상 이론에 근거해서 살펴볼 때, 임금 보조금은 임금을 인하하는 효과가 있고, 구직수당은 임금을 인상하는 효과가 있으며, 기본소득은 임금에 대하여 중립적이다. 기본소득이 주어졌을 때 기업가가 노동자에게 "기본소득을 받으니까 임금을 낮추자"라고 말하면, 노동자는 기업가에게 "당신도 기본소득을 받으니까 임금을 올려 달라"라고 이야기할 명분이 생기는 것이다.

내쉬 해는 물론 모든 협상이 반드시 그렇게 된다는 것을 말하는 것이 아니라, 하나의 준거점을 제시하는 것이다. 그러나 준거점은 아무 의미가 없는 것이 아니라 협상에서의 기준으로서의 역할을 한다. 현실의 협상이 상당 부분 준거점 근방에서 일어날 것이고, 준거점에서 크게 벗어나는 경우는 드물 것이다.

basic income

basic income

basic income

basic income

basic income

basic income
기본소득

basic income

basic income

basic income

basic income

제3부 4차 산업혁명과 기본소득

제9장 4차 산업혁명의 특징

4차 산업혁명 기술적 특징 — 기본소득의 권리

(1) 인공지능과 에너지 저렴화

세계경제포럼World Economic Forum에 의해서 2016년부터 널리 확산된 "4차 산업혁명"이라는 개념은 흔히 다음과 같은 그림으로 요약된다. 그림에서 IOT는 사물인터넷Internet of Things의 약자이고, CPS는 사이버물리시스템Cyber Physics System의 약자다. 사물인터넷은 사물들이 스스로 정보를 주고받는 것을 의미하고, 사이버물리시스템은 현실공간과 가상공간이 밀접하게 결합되는 것을 의미한다.

〈그림 3.9.1〉 4차 산업혁명

자료: 백봉현, 2018, 1쪽.

인간의 노동을 팔, 다리, 눈, 귀, 입, 두뇌가 결합하여 합목적적으로 자연을 변형시키는 것으로 정의한다면, 위의 흐름은 인간의 노동을 기계가 하나씩 대체해 나가는 과정으로 생각할 수 있다. 1차 산업혁명의 증기기관이 주로 팔을 대체했다면, 2차 산업혁명의 기차와 자동차는 주로 다리를 대체했고, 3차 산업혁명의 컴퓨터와 인터넷은 주로 눈, 귀, 입을 대체했으며, 4차 산업혁명의 인공지능은 마지막 남은 두뇌를 대체하려고 한다고 볼 수 있다.

4차 산업혁명은 사물인터넷, 빅 데이터, 로봇, 인공지능 등을 핵심적인 발명품으로 생각한다. 그런데 로봇을 인공지능의 팔다리라고 생각하고 사물인터넷을 인공지능의 눈과 귀로 생각하고 빅 데이터를 인공지능이 학습해야 할 책이라고 생각하면, 4차 산업혁명의 핵심적인 발명품은 인공지능이라고 할 수 있을 것이다.

인공지능 이외에 4차 산업혁명과 관련하여 주목하여야 할 기술혁신의 하나가 태양광 에너지다. 리프킨이 태양광 에너지 가격이 머지않아 무상이 되리라고 예측한 이후(Rifkin, 2014), 영국의 『이코노미스트』도 2025년이면 태양광이 무상이 될 수 있다고 전망하는 동영상을 배포했다(https://www.youtube.com/watch?v=JmzEjg8SpI0). 실제로 2017년 지구 전체의 태양광 발전의 "평준화 비용levelised cost of electricity(LCOE)"은 2010년에서 2017년 사이에 73%나 감소하여 kwh당 0.1달러가 됐다. 이것은 화석연료 발전의 평준화 비용과 동일한 수준이었다(IRENA, 2018, p. 16). 여기서 "평준화 비용"이란 발전소를 건설해서 전기를 생산한 뒤 폐기될 때까지 들어간 모든 비용의 현재 가치를 전기 생산량으로 나눈 것이다.

(2) 4차 산업혁명 회의론

4차 산업혁명은 과장됐으며 진정한 산업혁명이라고 볼 수 없다는 견해가 일부 존재한다. 4차 산업혁명이 진행되고 있다고 하지만 경제성장률이 정체되고 생산성도 높아지고 있지 않기 때문이다. 미국의 총요소생산성TFP을 보면, 1995년부터 2007년 사이 1.5%였는데 2007년부터 2014년 사이에는 0.5%에 불과했다. 신기술에 대한 막대한 투자가 이루어지고 있음에도 불구하고 생산성 향상이 실증적으로 드러나지 않고 있는 현상을 "생산성 역설"이라고 부른다. 생산성 역설은 3차 산업혁명 때부터 문제가 됐던 현상이다.

이러한 4차 산업혁명 회의론에 대해서는 여러 가지 설명이 가능하다. 하나는 4차 산업혁명이 아직 본격화되지 않았다는 것이다. 설령 이미 본격화됐더라도 생산성 향상으로 이어지려면 시간이 필요하다고 볼 수도 있다. 구글의 수석 경제학자인 배리안Hal Varian은 상품의 질은 높아졌지만 한계비용이 0에 가깝고 무상으로 서비스되기 때문에 기업의 이윤으로 표현되지 않는다고 해석한다. 다른 하나의 설명은 4차 산업혁명이 고령화 현상과 겹쳐서 진행되고 있어서 4차 산업혁명과 고령화가 합쳐진 결과밖에 드러나지 않는다는 것이다(Schwab, 2016, p. 35).

이노우에는 현재 진행되는 특용 인공지능(약한 인공지능)을 중심으로 하는 기술혁신은 4차 산업혁명이 아니라 3차 산업혁명의 제2국면이라고 보아야 한다고 주장한다. 이노우에는 범용 인공지능(강한 인공지능)이 발명되는 2030년 이후에 4차 산업혁명이 시작될 것으로 보고 있다(井上智洋, 2016). 지능 없는 기계와 특용 인공지능의 차이보다 특용 인공지능과 범용 인공지능의 차이가 훨씬 큰 것이고 3차 산업혁명이라고 이름을 붙인 지 얼마 안 됐기 때문에, 이노우에의 주장은 설득력이 있다고 판단된다. 배리안도 중요한 지적을 하고 있다고 판단되는데, 이것에 대해서는 4차 산업혁명의 경제적 특징에서 다룰 것이다.

3차 산업혁명의 제2국면으로 부르는 것이 학문적으로 더 정확하다고 할지라도 언론이 모두 4차 산업혁명이라고 부르고 있고 정부가 대통령 직속으로 4차산업혁명위원회까지 꾸려서 정책을 추진하고 있으므로, 이 책에서는 3차 산업혁명의 제2국면과 4차 산업혁명을 합쳐서 넓은 의미에서의 4차 산업혁명이라고 부르려고 한다.

(3) 인공지능

인공지능은 인간이 만든 지능이다. 러셀과 노빅은 사람처럼 행동하는 시스템, 사람처럼 생각하는 시스템, 합리적으로 생각하는 시스템, 합리적으로 행동하는 시스템이라는 네 가지 기준으로 인공지능을 정의했다(S. Russell and P. Norvig, 2010). 네그네빗스키는 인공지능을 "문제를 풀고 결정을 내리기 위해 배우고 이해하는 능력"으로 정의했다(M. Negnevitsky, 2005, p. 22). 사람처럼 생각하고 행동하거나 합리적으로 생각하고 행동하기 위해서는 학습 과정이 필수적이다. 네그네빗스키의 정의에서는 학습이 인공지능의 중요한 요소로 명시적으로 드러나 있다.

그동안의 인공지능 알고리즘은 두 가지로 분류할 수 있다. 하나는 지식을 입력해서 지능을 만드는 알고리즘이다. 지식을 많이 입력해 지식을 검색하고 연산하도록 하여 지능을 만들려고 했던 알고리즘이다. 이것은 1970년대와 1980년대 유행하다가 한계에 부딪혔다. 다른 하나는 데이터를 입력해서 지능을 만드는 알고리즘이다. 그중의 하나가 인간의 두뇌 구조를 모방한 신경망neural network 알고리즘이다. 이것은 1960년대 소개됐지만, 오랫동안 지능을 만드는 데 실패했다. 그러다가 1990년대에 들어서 갑자기 지능을 만들어내기 시작했다.

최근의 인공지능은 신경망 중에서도 "심층 학습deep learning"이 성공을 거두고 있다. 심층 학습은 데이터의 특징을 사람이 가르쳐 주지 않고 인공지능 스스로 찾아내면서 학습하므로, "특징 표현 학습representation learning"이라고도 부른다(松尾豊, 2015).

다음의 몇 가지 사례를 살펴보자. 빅 데이터는 의도적인 작업의 결과를 모은 것과 비의도적인 행동을 모은 것으로 나눌 수 있다.

IBM은 문법과 단어를 컴퓨터에게 가르쳐서 자동번역을 하는 인공지능 컴퓨터를 만들려고 했다. 그러나 번역을 위해서는 컴퓨터에게 규칙뿐만 아니라 예외도 가르쳐야 하는데, 이것은 불가능하다는 것이 드러났다. 2004년 구글은 모든 책을 스캔해서 공짜로 제공하겠다는 프로젝트를 시작했다. 스캔한 디지털 이미지는 OCR을 사용하여 텍스트로 전환시켰다. 2006년이 되면 구글은 1조 단어로 된 950억 개의 문장을 저장하게 됐다. 이 과정에서 성경처럼 전 세계 언어로 정확하게 번역된 책이 있다는 것을 알게 됐다. 구글은 저장된 문장들을 활용하여 학습시킴으로써 자동번역을 하는 데 성공했다 (Mayer-Schonberger and Cukier, 2014).

인간은 몇 개의 데이터만 보면 특징을 추출할 수 있지만, 컴퓨터는 엄청나게 많은 데이터가 있어야만 학습할 수 있다. 구글의 심층 학습은 고양이를 인식하기 위해서 인터넷으로부터 1,000만 장의 이미지를 다운로드 했다(Quoc V. Le et al., 2012). 페이스북은 4백만 장의 얼굴 사진으로 학습시킨 결과 97.35%의 정확도로 사람의 얼굴을 인식시킬 수 있었다(Taigman et al., 2014). 〈알파고〉는 KGS라는 인터넷 바둑 사이트에서 6~9단 기사들이 둔 16만 개의 기보로부터 3,000만 개의 데이터를 모았다(Silver et al., 2016).

구글은 뛰어난 인터넷 검색 도구로 세계적인 기업이 됐다. 이전의 야후Yahoo 같은 검색엔진은 가능한 한 많은 사이트를 찾아가서 사이트 내용을 분류하고 판단하여 점수를 매겼다. 구글의 공동 창업자인 래리 페이지Larry Page는 전혀 다른 접근 방식을 선택했다. 검색엔진이 좋다고 판단한 사이트에 높은 점수를 매기는 것이 아니라, 사용자들이 오래 머무른 사이트, 링크를 걸어 놓은 사이트가 많은 사이트에 높은 점수를 매겼다. 예를 들어 사용자가 "책"이라는 검색어를 치면 "책"이라는 검색어를 친 사람들이 많이 가고 여러 사이트와 연결된 사이트를 먼저 보여 주는 것이다. 이렇게 사용자들의 행동에 따라 점수를 매기는 방법을 "페이지랭크Pagerank"라고 불렀다(Brin and Page, 1998). 한 사람의 천재가 아니라 인터넷을 이용하는 수많은 사람의 행동이 똑똑한 검색엔진을 만들고 있다.

심층 학습은 기본적으로 데이터를 통해서 학습하는 알고리즘이다. 데이터가 불충분하면 인공지능을 만들 수 없다. 심층 학습 알고리즘이 30년 동안 인공지능을 못 만들다가 1990년대 이후 인공지능을 만드는 데 성공한 것은 인터넷을 통하여 빅 데이터가 제공됐기 때문이다.

(4) 팀 버너스 리

빅 데이터는 인터넷에 이미 존재하는 것이거나 인터넷을 통해서 수집된 것이다. 인터넷이 없었더라면 데이터를 모으는 데 엄청난 비용이 들었을 것이고, 아직도 제대로 된 인공지능 한두 개 만들지 못했을 것이다. 인터넷은 어떻게 해서 이런 빅 데이터의 보고가 됐을까? 그것은 인터넷이 공유지로서 출발했기 때문에 가능한 일이었다.

오늘날 우리가 사용하는 인터넷을 "월드 와이드 웹World Wide Web"이라고 부른다. 이것의 창작자는 팀 버너스 리Tim Berners-Lee다. 그는 자신이 아니라 세상을 부유하게 만들기 위하여 자신의 발명품인 인터넷을 인류에게 무상으로 선물했다.* 컴퓨터 과학에 노벨상이 생긴다면 첫 번째 수상자는 그가 되어야 할 것이다.

버너스 리는 기본소득과 유사한 원칙으로 인터넷을 설계했다 (HTTP, HTML, URL 등). 예를 들어 인터넷에는 누구나 접속할 수 있어야 한다는 원칙은 보편성에 대응되고, 인터넷은 자료를 검열하지 않고 전달만 한다는 원칙은 무조건성에 대응되며, 개별적으로 식별 번호를 부여하고 지능적인 작업은 인터넷의 끝에서 개별적으로 한다는 것은 개별성에 대응된다고 해석할 수 있다. 인터넷 자체가 바로 일종의 "현물기본소득"이라고 불러도 무방할 정도다.

그리고 버너스 리 자신이 기본소득을 지지하고 있다. 그는 케인스의 후손인 수마야 케인스Soumaya Keynes가 "당신도 기본소득을 지지하는 컴퓨터 과학자에 속하느냐?"라고 질문을 하자, "기본소득은 효율적이고 단순하기 때문에 지지한다"라고 대답하면서 기본소득은 "기술이 가져온 대규모 지구적 불평등을 교정할 수 있는 수단의 하나"라고 대답했다(McFarland, 2016). 1년 뒤의 인터뷰에서도 기본소득을 강조했다. "기계가 많은 수의 현재 직업을 없애는 지점에 결국은 가게 될 것이므로, 보편기본소득이 유용한 수단이 될 것이다."(https://www.itpro.co.uk/strategy/28628/tim-berners-lee-ai-may-lead-to-universal-basic-income.)

그러나 버너스 리는 자신이 만든 공유지에 빅 데이터가 쌓이고 빅 데이터로 인해서 인공지능의 개발이 가능해졌기 때문에 자신을 포함한 모두가 기본소득에 대한 권리를 가지고 있다는 인식에는 도

---

* 인터넷은 크리스마스 아기다. 1990년 크리스마스, 버너스 리는 두 명의 크리스마스 아기를 기다리고 있었다. 첫 번째 아기인 지구 최초의 웹은 크리스마스에 예정대로 태어났다. 두 번째 아기인 버너스 리의 딸은 예정일을 넘겨 새해 첫날 태어났다. 그는 웹의 성장을 바라보는 것 이상으로 딸의 성장을 바라보는 것을 즐거워한다. (Berners-Lee, 2000, pp. 30~31.)

달하지 못한 듯하다. 진짜 선한 일을 하는 사람은 자신이 선한 일을 하고 있다는 것을 모른 채로 하는 경우가 많다.

공유지가 된 인터넷에 여러 사람이 자신들의 지식을 올려서《위키피디아》를 만들었다. 이렇게 만들어진《위키피디아》는 〈제퍼디 Jeopardy〉라는 퀴즈 프로그램에서 인간 챔피언을 이긴 IBM의 인공지능(Deep Blue)에 입력됐다. 인터넷을 검색하는 사람이 늘어날수록 구글의 검색엔진은 더 똑똑해지고 있다. 취미로 자신들이 좋아하는 고양이 사진을 올린 수많은 사람은 고양이를 인식하는 인공지능을 만들었고, 친구들과 소식을 나눈 수많은 사람이 얼굴을 인식하는 딥 페이스Deep Face를 만들었다. 바둑 게임을 하면서 기보를 남긴 수많은 기사가 〈알파고〉를 만들었다. 인터넷이라는 보편성과 무조건성과 개별성을 갖는 공유지 위에서 사람들이 자유롭게 생각하고 말하고 일하고 노는 과정에서 빅 데이터가 만들어졌고, 빅 데이터가 다시 인공지능을 만들게 된 것이다. 인터넷 자체도 인공지능이라고 할 수 있다. 버너스 리의 정신을 이어받은 수많은 컴퓨터 과학자들의 무상 노동에 힘입어서 인터넷은 더욱 지능적으로 발전하고 있다.

(5) 허버트 사이먼

허버트 사이먼Herbert Simon은 다음과 같이 주장했다. 모든 소득의 90%는 다른 사람들의 지식을 활용한 것이다. 따라서 90%의 소득세율이 적절하다. 그러나 기업가에게 약간의 인센티브를 주기 위하여 70%의 세율로 일률적으로 과세하고 그 조세 수입을 기본소득으로 나누어 가지자.(Simon, 2000)

사이먼은 "제한적 합리성bounded rationality"이라는 개념을 만들어 경제학에 공헌한 덕택으로 노벨 경제학상을 받았지만, 단순한 경제학자가 아니었다. 그는 1956년 다트머스대학에서 두 달간 열린 인공지능 워크샵을 공동 주최하여, 인공지능 교과서에 인공지능의 아버지 중의 한 사람으로 소개되어 있다.[*]

　오늘날 인공지능을 만드는 알고리즘(기계 학습)은 지도 학습supervised learning, 비지도 학습unsupervised learning, 강화 학습reinforcement learning으로도 나눌 수 있다. 지도 학습과 비지도 학습은 데이터를 필요로 한다. 강화 학습은 게임의 규칙을 가르쳐 주고 게임의 결과에 따라 점수를 보상해 주면 스스로 학습해 나가는 알고리즘이다. 강화 학습은 스스로 데이터를 만들어 가면서 학습하는 알고리즘이라고 볼 수 있다. 〈알파제로〉는 기보 없이 학습하여, 기보를 가지고 학습한 〈알파고〉를 능가했다. 그러나 환경이 한정되어 있어서(바둑의 수는 거의 무한하지만 게임의 규칙은 한정되어 있다), 스스로 데이터를 만들 수 있거나 데이터를 가지고 환경에 대하여 충분히 학습한 뒤 스스로 데이터를 만들 수 있을 때 사용 가능한 알고리즘이다. 인공지능이 스스로 데이터를 만들 수 있게 되기 위해서라도 데이터가 필요하다. 축구 선수들이 실전 훈련을 한 뒤에는 비디오를 보면서도 훈련할 수 있는 것과 유사한 이치다. 구글의 자율자동차는 처음에는 현실 환경에서 데이터를 모으면서 하는 학습만 했지만, 이제는 스스로 데이터를 만들어 가면서 시뮬레이션하는 학습을 병행하고 있다. 성능 좋은 인공지능을 만들기 위해서는 어느 하나의 알고리즘에만 의존하지 않고 지도 학습이나 비지도 학습과 함께 강화 학습을 사용하는 경우

---

[*] "인공지능AI"라는 용어는 이 워크샵에서 처음으로 사용됐다. 이때 사이먼 등은 LT(Logic Theorist)라는 인공지능프로그램을 개발했다. LT는 러셀과 화이트헤드의 『수학의 원리』 제2장 정리들을 대부분 증명할 수 있었고, 몇몇 명제는 더 짧게 증명했는데, 러셀은 이것을 보고 매우 기뻐했다고 한다(Russell and Norvig, 2010, p. 22). 사이먼 등의 프로그램은 인간과 같이 사고하는 시스템이라는 인공지능의 첫 번째 목표를 달성한 최초의 프로그램이었다(조영임, 2012, 8쪽).

가 많아지고 있다.

지금까지 설명한 바와 같이 오늘날의 인공지능은 압도적으로 데이터를 가지고 학습하는 알고리즘에 의해서 만들어지고 있다. 데이터는 우리가 의도적으로든 비의도적으로든, 아무런 대가 없이 인터넷에 올린 것이다.

우리는 두 가지 근거에서 인공지능에 대하여 권리를 가지고 있다고 할 수 있다. 첫째는 우리가 제공한 데이터가 인공지능을 만드는 데 사용되고 있다. 둘째는 데이터를 모으는 데 인터넷이 사용되고 있는데, 인터넷은 버너스 리와 그 뒤를 잇는 과학자들이 우리에게 무상으로 선물한 것이므로, 우리 모두의 공동자산이다. 한마디로 말해서 우리가 제공하는 데이터가 우리의 공동자산인 인터넷에 모여서 인공지능을 만들고 있다.

인공지능으로 인해서 일자리가 줄어든다면 사람들의 생존을 위해서는 기본소득이 필요할 것이다. 그리고 인공지능이 만든 물건들이 잘 팔려서 경제가 순조롭게 재생산되기 위해서도 기본소득이 필요할 것이다. 그러나 기본소득은 단순한 필요가 아니라 권리다. 모두가 인공지능의 생산에 참여하고 있으므로, 모두가 인공지능이 생산한 생산물에 대한 권리를 가지고 있다.

인공지능을 만드는 일을 처음으로 시작한 허버트 사이먼은 〈알파고〉를 보지 못하고 생을 마감했다. 그런데 오늘날 사람들이 올린 데이터를 가지고 인공지능을 만들고 있으니, 모든 소득의 90%는 다른 사람의 지식 덕택이라는 그의 말은 너무나도 정확하게 들어맞게 됐다.

4차 산업혁명의 경제적 특징 — 기본소득의 필요성

(1) 플랫폼 기업

4차 산업혁명은 구글, 페이스북, MS 등의 플랫폼 기업들이 주도하고 있다. "플랫폼"은 사용자들 사이의 상호작용을 가능하게 하거나 촉진하는 기구로 정의할 수 있다. 스르니첵은 플랫폼을 광고, 클라우드, 제조, 서비스, 중개 등의 플랫폼으로 나누었다(여기서는 원어의 뜻을 의역했다). "제조 플랫폼industry platform"은 흩어진 제조업자들을 연결해서 물건을 만드는 기업이고, "서비스 플랫폼product platform"은 제품을 소유하고 서비스를 제공하는 기업이고, "중개 플랫폼lean platform"은 공급자와 수요자를 중개하는 기업이다.(Smicek, 2017, pp. 48~49)

플랫폼에서는 사용자가 많아짐에 따라 사용가치가 증가하는 네트워크 효과가 두드러지게 나타난다. 네트워크 효과는 여러 가지 방식으로 나타난다.

① 주목 효과attention effect. 사용자가 한 명 늘어나면 네트워크에서 한 명의 "주목"이 늘어난다. 광고 업체의 입장에서 보면 광고의 효과가 그만큼 늘어나게 된다.

② 링크 효과link effect. 사회관계망 플랫폼에서는 친구들에게 소식을 전하기 위하여 가입하는 사람은 친구들로부터 소식을 받지 않을 수 없다. 메시지 전송자가 수령자가 된다. 경제학적으로 말하면, 공급이 스스로 수요를 창출하는 세의 법칙Say's law이 관철되는 세계다. 링크 효과는 가입자의 제곱에 비례한다.[*]

---

[*] 세의 법칙에서는 공급 하나가 수요 하나를 만들어내지만, 네트워크에서는 한 명의 가입자가 여러 개의 링크를 만들어낸다. 네트워크의 가입자 수가 n일 때 가능한 링크의 수는 $\binom{n}{2} = \frac{n(n-1)}{2}$ 이고, 가입자 한 명이 추가될 때 늘어나는 링크의 수는 $\binom{n+1}{2} - \binom{n}{2} = \frac{(n+1)n}{2} - \frac{n(n-1)}{2} = n$개다.

③ 기록 효과recording effect. 사용자들의 행동을 기록하면 사용가치를 증가시킬 수 있다. 대표적으로 구글의 검색엔진을 들 수 있다. 앞에서 설명했듯이, 다른 검색엔진들은 스스로 사이트를 평가해서 순위를 매겼지만, 구글은 사람들의 행동을 기록해서 사람들이 많이 가고 오래 머무는 사이트에 높은 점수를 매겨서 검색 플랫폼을 제패했다.

④ 콘텐츠 효과contents effect. 사용자들이 자발적으로 올린 글이나 사진 같은 데이터가 네트워크의 사용가치를 증가시킬 수 있다. 첫째로, 사용자들이 올린 글은 플랫폼 자체의 사용가치를 올릴 수 있다. 사람들은 사용자 리뷰가 많은 아마존에서 물건을 구매하고 싶어 한다.[*] 둘째로, 사용자들이 올린 글이나 사진은 올린 목적과는 전혀 상관없이 인공지능을 만드는 필수적인 요소로 사용되고 있다. 구글, 페이스북, 아마존 등의 플랫폼 기업은 사용자들이 올린 데이터를 바탕으로 인공지능 개발에서 선두를 달리고 있다.

플랫폼의 네트워크 효과는 전통적인 생산 측면에서의 규모의 경제와는 다르게 작동한다. 플랫폼 사용자들은 대개 두 종류 이상의 집단으로 나누어지게 된다. 그래서 동일한 집단 내의 사용자들 사이에서뿐만 아니라 다른 집단의 사용자들 사이에서도 네트워크 효과가 일어나게 된다. 이런 시장을 "양면 시장two-sided market"이라고 부른다(Rochet and Tirole, 2006).[**] 양면 시장에서는 한쪽 면의 사용자에게 받은

---

[*] 아마존이 손을 대는 곳마다 기존의 사업체들이 문들 닫고 있어서 "아마존화Amazonization", "아마존 당하다Amazonned, Amazonized" 등의 단어가 생겨났다.

[**] 2014년 노벨 경제학상을 받은 장 티롤Jean Marcel Tirole은 소극적인 기본소득 지지자로 분류될 수 있다. 그는 다음과 같이 말한다. "이 양극화는 더 나빠질 것이다. 혁신적이고, 고도로 숙련된 직업은 현대 경제에서 사자의 몫을 계속 차지할 것이다. 분배 문제는 더 어려워질 것이다. 정부는 모든 개인에게 일정한 수준의 소득을 보장할 필요가 있을 것이다. 그리고 그 목적으로 임금을 시장임금 이상으로 유지하는 규제(그렇게 하면 실업을 일으킬 것이다)와 직접 지급(보편적 소득 또는 마이너스소득세라고도 불린다) 사이에서 선택해야 할 것이다. 우리

요금으로 다른 쪽의 사용자에게 보조금을 지불하거나 무상으로 서비스를 제공하는 교차보조cross-subsidization 전략을 쓰는 것이 유리하다. 남자에게는 입장료를 받고 여자에게는 입장료를 받지 않는 나이트클럽의 전략과 같은 방법이다.

구글은 검색 사용자들에게 검색 서비스를 무상으로 제공하고 있다. 검색 서비스만 무상으로 제공하는 것이 아니라, 이메일, 브라우저, 오피스, 지도, 캘린더 등 수많은 서비스를 무상으로 제공하고 있다. 새로운 서비스만 무상으로 제공하는 것이 아니라 기존의 자본이 공급하던 서비스도 무상으로 제공하는 전략을 사용하고 있다.

플랫폼이 교차보조 전략에서 확보하려고 하는 것은 사용자들의 주목이다. 플랫폼 기업은 이렇게 수집된 주목을 광고 회사에 판매하여 수입을 올려 왔다. 2017년 구글 수입의 86%는 광고 수입이었다. 그런데 플랫폼 기업은 또 하나의 수입 원천을 찾아냈다. 그것이 바로 인공지능이다. 소비자들의 행동이나 콘텐츠로 구성된 빅 데이터를 재료로 인공지능을 만들고 있다. 몇 년 뒤 자율자동차가 본격적으로 판매되기 시작하면 인공지능은 구글의 큰 수입 원천으로 될 것이다.`

는 무시할 수 없는 비율의 노동력이 실업 상태이고 따라서 디지털 배당을 재원으로 소득이 지급되어야 하는 사회로 나가고 있는가? 아니면 인구의 이 부분이 낮은 생산성을 갖는 공공 서비스 직업을 붙잡고 살게 하는 사회(오늘날 사우디아라비아 같은 나라에서 그렇게 하듯이)를 만들고 있는가? 그러나 이러한 해법들은 개인이 노동을 통하여 존엄을 얻게 하는 것을 방해할지 모르고, 그와 더불어 국가들이 디지털 만나manna에 접근하는 것이 필요하게 될 것이다.`
(Tirole, 2017, p. 422)

`* 2018년 11월 19일 구글의 모기업인 알파벳의 시가총액은 7,090억 달러였다. 모건 스탠리는 구글의 자율자동차 부문 자회사인 와이모Waymo의 가치를 1,750억 달러가 될 것으로 평가했다. (https://markets. businessinsider.com/news/stocks/google-stock-price-waymo-worth-100-billion-more-than-before-morgan-stanley-2018-8-1027439248.) 구글은 2019년 1월 자율주행 4단계의 자동차 공장을 디트로이트에 착공했다

(2) 지대 추구

플랫폼 기업이 누리는 초과이윤은 정치경제학적으로 보면, 두 가지 성분으로 구성되어 있다. 하나는 특별잉여가치이고, 다른 하나는 지대다.

특별잉여가치는 해당 기업이 특별한 생산력을 소유하고 있어서 동일한 질의 서비스를 평균적인 다른 기업보다 더 저렴하게 생산할 수 있어서, 또는 동일한 비용으로 더 좋은 서비스를 제공할 수 있어서 발생하는 것이다.

지대(이 글에서 말하는 "지대"란 "차액지대"를 말한다)도 특별잉여가치와 마찬가지로 더 저렴하거나 더 좋은 서비스를 생산할 수 있는 특별한 생산력을 가지고 있어서 발생한다. 그러나 지대는 초과이윤의 원천이 "기계나 석탄 등등과 같이 노동이 생산할 수 있는 생산물과 결부되어 있는 것이 아니라 특정한 토지 조각의 특정한 자연 조건과 결부되어 있는 것"(Marx, 1894, p. 797)이다. 특별잉여가치는 초과이윤의 원천이 기업이 보유한 우수한 생산력에 있는 데 반해서, 지대의 경우에는 유리한 외부적 환경에 있다. 특별잉여가치는 다른 기업이 기술을 습득하게 되면 경쟁에 의해서 사라진다. 그러나 지대는 외부적 환경이 사라지지 않는 한 경쟁에 의해서 사라지지 않는다. 그래서 지대는 불공정 교환이라고 할 수 있다. 외부적 환경이라는 재생산 불가능한 생산 자원의 불평등한 소유 때문에 생기는 것이므로 불공정 교환으로 규정하는 것이다(강남훈, 2002).

먼저 인공지능에서 생기는 초과이윤을 생각해 보자. 인공지능은 하드웨어, 알고리즘, 데이터가 합쳐서 만들어진 것이므로, 인공지능이 벌어들인다면 초과이윤의 원천은 이 세 가지 중 하나다.

하드웨어가 인공지능으로 인한 초과이윤의 원천이 되기는 힘들 것이다. 하드웨어 시장은 경쟁이 활발하고 기술 확산 속도도 빠르다. 다음으로, 알고리즘 때문에 인공지능이 초과이윤을 얻는다고 말하기도 힘들다. 인공지능을 개발하는 기업들은 알고리즘의 상당한 부분을 오픈 소스로 개방하는 전략을 선택했다. 알고리즘으로부터 얻을 수 있었던 초과이윤의 상당한 부분을 포기한 것이다.

마지막 남은 초과이윤의 원천은 데이터다. 사람들은 플랫폼이 제공하는 서비스를 무상으로 이용하면서 플랫폼에 지식, 행동, 감정 등의 데이터를 올리고 있다. 빅 데이터는 인공지능을 만들어내는 데 중요한 기여를 하고 있다. 플랫폼 기업은 이러한 빅 데이터에 알고리즘을 적용하여 인공지능을 만들고 있다. 데이터가 없는 기업들은 인공지능 알고리즘이 있더라고 인공지능을 개발하기 힘들어진다. 따라서 인공지능으로부터 생기는 수익의 상당한 부분은 데이터로부터 유래한다고 말할 수 있다. 데이터는 많은 사람이 자기 노동이나 놀이를 통해서 올리는 것이고 플랫폼 기업은 인터넷이라는 공유지를 무상으로 활용해서 데이터를 수집하고 있으므로, 인공지능으로부터 생기는 초과이윤은 지대 범주에 속한다(강남훈, 2016).

인공지능뿐만 아니라 플랫폼 기업이 광고로부터 취득하는 이윤도 대부분 지대 범주에 속한다. 네트워크 효과는 본질적으로 사람이 많이 접속하기 때문에 생기는 효과다. 명동에 사람들이 많이 모이기 때문에 명동 땅값이 비싼 것과 같은 원리다. 물론 명동 어떤 가게의 서비스가 좋아서 사람들이 많이 가게 되는 일도 있겠지만, 그 경우에도 그 가게로 인해서 사람들이 많이 명동에 가게 되면 명동 전체의

---

* 페이스북은 2015년 1월 16일에 토치(Torch, http://torch.ch/)를 위한 오픈 소스의 딥 러닝Deep learning 모듈을 다른 경쟁사들 보다 먼저 공개했다(Venturebeat, Techcrunch, Facebook Blog, 16 Jan 2015). 구글은 2015년 11월 10일 일본 도쿄의 '기계 안의 마술The Magic in the Machine' 행사에서 기계학습 기술인 '텐서플로(TensorFlow, http://tensorflow.org)'를 오픈소스 프로젝트로 공개하고 외부에서도 무료로 쓸 수 있도록 했다.(차원용, 2016)

땅값이 올라가게 된다. 현실공간의 명동 가게는 사람이 많이 모이면 서비스가 나빠질 가능성이 크지만, 가상공간의 네트워크 효과는 사람이 많이 모일수록 서비스가 좋아진다.

지대 추구 전략에는 특별잉여가치 전략보다 유리한 점이 몇 가지 있다. 첫째로 특별잉여가치는 경쟁에 의해서 빠르게 소멸되지만, 지대는 장기간 지속된다.* 둘째로, 지대는 시간이 감에 따라 크기가 늘어난다. 네트워크 효과는 가입자의 수가 많을수록 빠르게 증가한다. 셋째로, 네트워크 효과를 먼저 확보하면 생산력이 뛰어난 경쟁 기업의 진입도 막을 수 있다. 오늘날 우리가 쓰고 있는 영어 키보드 〈QWERTY〉처럼 열등한 기술이 네트워크 효과 때문에 시장 표준이 된 사례는 상당히 많이 있다.

이와 같이 플랫폼 기업들은 지대 추구 전략을 통하여 많은 이윤을 얻으면서 지구적 독점기업으로 성장했다. 그러나 다음의 절에서 살펴보겠지만, 경제 전체에 끼치는 영향은 매우 모순적이다.

(3) 시장의 상대적 축소

아마존 같은 중개 플랫폼은 오프라인 시장을 온라인 시장으로 바꾸어서 집중을 이루지만, 그 과정에서 시장을 축소하는 것은 아니다. 이에 반해서 구글 같은 광고 플랫폼의 무상화 전략은 시장을 집중하는 과정에서 시장을 상대적으로 축소한다. 플랫폼에서 무상으로 제공되는 서비스가 동등하거나 우월하다면 그러한 서비스를 제공하

---

* 〈알파고〉 알고리즘을 오픈 소스로 공개했기 때문이기도 하겠지만, 2016년 〈알파고〉가 이세돌을 이긴 후 1년 반 뒤에 NHN이 2017년 인공지능 바둑 프로그램 〈한돌〉을 만들었다. 〈한돌〉은 2018년 말부터 2019년 초까지 치러진 다섯 차례 대국에서 우리나라 1위에서 5위까지의 프로 기사를 다 이겼다. 신진서 기사는 〈한돌〉이 〈알파고〉보다 약간 잘 둔다고 말했다. (http://www.bloter.net/archives/329472.)

던 다른 기업의 시장은 사라질 것이다. 이러한 전략은 자신의 규모를 키우기 위하여 경쟁 기업을 퇴출시키는 것을 넘어서서 아예 시장 자체를 없애 버리는 전략이다.

기존의 시장 자체를 없애는 가장 생생한 예는 우리가 스마트폰에서 공짜로 쓰는 앱 서비스다. 2011년 시점에서 무상으로 제공되는 열한 가지 서비스들의 출시 연도의 권장 소비자 가격(2011년 가격으로 환산)을 조사하여 보면, 화상회의(1982)는 586,904만 달러, GPS(1982)는 279,366달러, 디지털 녹음(1978)은 8,687달러, 디지털시계(1969)는 7,716달러, 5메가 카메라(1986)는 6,201달러, 의학 도서관(1987)은 3,968달러, 비디오 플레이어(1981)는 3,103달러, 비디오카메라(1981)는 2,617달러, 음악 재생기(1982)는 2,113달러, 백과사전(1989)은 1,370달러, 비디오 게임기(1977)는 744달러, 합계 90만2,065달러다(Diamandis and Kotler, 2012, p. 434).

무상 전략만큼은 아니겠지만 나눔 전략도 시장을 상대적으로 축소한다. 여기서 "나눔경제sharing economy"와 "공유경제"를 구별할 필요가 있다. 나눔경제는 사적 소유를 나누어 쓰는 것이고, 공유경제는 공동소유를 나누어 쓰는 것이다. 보통 사적 소유물은 소비 경합성rival consumption이 있어서 한 사람이 소비하면 다른 사람이 소비하기 어려웠는데, 4차 산업혁명으로 인하여 상당한 상품과 서비스의 경합성이 줄어들게 됐다. 자동차를 예로 들면, 평균적으로 자가용 차량이 실제로 운행하는 시간은 전체의 4%에 불과하다. 나머지 96%는 주차된 시간이다.(http://www.bloter.net/archives/263695.) 자율자동차가 등장하고 자동차 나눔 서비스가 확대되면, 자동차 소유는 크게 줄어들 것이다. 기존의 상품이나 서비스를 플랫폼으로 연결하여 나눔경제로 바꾸면 기존의 제품이나 서비스를 제공하던 기업은 축소된다.

무상경제와 나눔경제는 컴퓨터와 인터넷 기술 발전 자체가 만들어내는 측면이 있다. 디지털은 0에 가까운 비용으로 상품을 완전하게 복제하는 것이 가능하고, 인터넷은 0에 가까운 비용으로 정보를 전송할 수 있다. 그러나 플랫폼 기업이 등장하기 전에는 특허와 저작권을 활용하여 무상경제와 나눔경제를 저지하려 시도하는 기업이 많았다. 이메일을 유료로 한다든지, 사이트 가입비를 받는다든지, 소프트웨어 불법 복제를 차단하는 시도 등이다. 지금도 이런 시도가 없는 것은 아니지만, 서비스를 무상으로 제공하면서 주목과 데이터 지대를 추구하는 플랫폼 기업의 전략이 무상경제와 나눔경제를 주도하고 있다.

무상경제와 나눔경제는 기술이 발전해도 생산성 상승이 나타나지 않는 생산성 역설의 유력한 원인의 하나다. 무상경제나 나눔경제가 확대되면, 실물 단위로 측정한 생산성이 많이 증가하더라도 화폐 단위로 측정한 생산성은 정체될 수 있다. (생산성 역설에 대한 또 하나의 설득력 있는 설명은 산업혁명과 생산성 향상 사이에 50~100년의 격차가 있다는 장기 생산성 추세에 대한 역사적 경향이다.)

무상경제와 나눔경제는 자본의 축적과 집중 경향을 한층 가속하면서 시장을 상대적으로 축소한다. 물론 상대적 축소는 절대적 축소를 의미하지 않는다. 기존의 시장이 없어지더라도 새로운 시장이 생겨날 것이다. 그러나 생산력 발전이 사적 소유를 상대적으로 축소하는 방향으로 체계적으로 움직이는 것은 새로운 경향이라고 할 수 있다. 리프킨이 예측한 한계비용 제로 사회(Rifkin, 2014)도 동일한 경향에 주목한 것이라고 할 수 있다.

(4) 불평등 확대

세계적으로 자산소득과 노동소득 사이의 격차가 확대되고 있다.

〈그림 3.9.1〉은 미국, 영국, 프랑스의 피케티 지수(= 순자산의 가치/국민순생산)를 나타낸다. 이 값이 클수록 자산소득이 노동소득보다 많다는 것을 의미한다. 제2차 대전 전후로 낮아졌던 피케티 지수가 최근 상승하는 경향을 볼 수 있다.

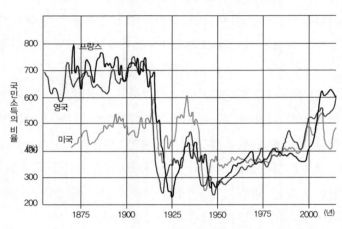

〈그림 3.9.1〉 미국, 영국, 프랑스의 자산소득 비율

자료: World Inequality Database. (https://wid.world/world/#wwealn_p0p100_z/US;FR;ZA;GB;WO/last/eu/k/p/yearly/w/false/ 197,065/1000/curve/false/country.)

노동소득과 법인기업 이윤 사이의 불평등은 〈그림 3.9.2〉에서 확인할 수 있다. 법인기업 이윤 몫은 2008년 불황을 빠르게 극복하고 빠르게 회복했지만, 임금의 몫은 2000년대 내내 가파르게 떨어지고 있다.

자산 불평등도 확대되고 있다. 〈그림 3.9.3〉에서 확인할 수 있듯이 1980년대 중반부터 자산 불평등이 확대되기 시작했고, 2013년 상위 0.1%가 보유한 자산은 하위 90%가 보유한 자산과 맞먹었다.

노동소득 사이에서도 불평등이 확대되고 있다. 〈그림 3.9.4〉에서 확인할 수 있듯이, 1979년부터 2015년 사이에 하위 90% 노동자의 소득

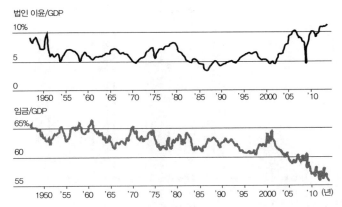

〈그림 3.9.2〉 미국의 이윤과 임금의 불평등 확대

자료: Harvard Business Review(June, 2015), https://hbr.org/2015/06/the-great-decoupling.

〈그림 3.9.3〉 미국의 자산 불평등 확대 경향

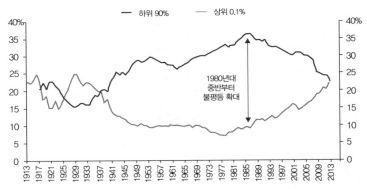

자료: DB Global Markets Research, (https://www.db.com/newsroom_news/Inequality_Jan2018.pdf.)

이 8천6백 달러 증가할 때, 상위 1%의 소득은 42만2천 달러 증가했다.

〈그림 3.9.5〉는 이러한 불평등 확대의 배후에서 작용하고 있는 경향 하나를 보여 준다. 1948년을 기준으로 할 때, 2015년 노동생산성은 241.1% 증가한 데 반해서 실질임금은 112.5%밖에 증가하지 않았다. 특히 1970년대 이후 격차가 확대되고 있다. 경제 이론에 따르면

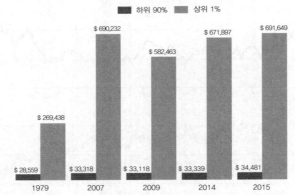

〈그림 3.9.4〉 미국 연간 실질임금 1979년~2015년

자료: Economic Policy Institute. (https://inequality.org/facts/income-inequality/)

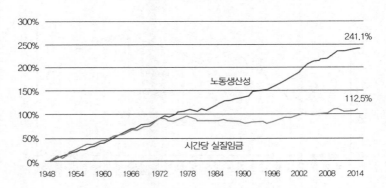

〈그림 3.9.5〉 미국 노동생산성과 시간당 실질임금, 1948년~2015년

자료: Economic Policy Institute. https://inequality.org/facts/income-inequality/.

실질임금은 노동생산성에 비례해야 한다. 1970년대 이전에는 비례관계가 잘 지켜져 왔는데 그 이후 비례관계가 깨진 것이다. 이것을 "거대한 탈동조the great decoupling 현상"이라고 부른다. 그래프의 모양을 보면 "뱀 아가리 현상"이라고 불러도 좋을 것이다.

　탈동조 현상은 임금에 국한되지 않는다. 〈그림 3.9.6〉에는 민간

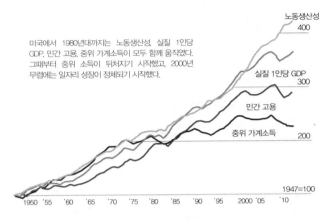

〈그림 3.9.6〉 고용과 가계소득의 탈동조 현상

미국에서 1980년대까지는 노동생산성, 실질 1인당 GDP, 민간 고용, 중위 가계소득이 모두 함께 움직였다. 그때부터 중위 소득이 뒤처지기 시작했고, 2000년 무렵에는 일자리 성장이 정체되기 시작했다.

노동생산성 400

실질 1인당 GDP 300

민간 고용

중위 가계소득 200

1947=100

자료: Harvard Business Review (June 2015), https://hbr.org/2015/06/the-great-decoupling.

고용과 가계소득의 탈동조 현상을 보여 주고 있다. 과거에는 기술이 발전하면(생산성 상승) 나라가 잘살게 되고(1인당 GDP 상승) 고용도 늘어나고 임금도 올라가고 중산층(중위 가계)도 잘살게 됐는데, 이제는 기술이 발전하면 여전히 나라는 잘살게 되지만 임금과 고용이 정체되고 중산층도 못살게 되는 구조로 바뀐 것이다.

브린욜프슨과 매카피는 숙련 편향 기술 발전, 컴퓨터에 의한 자동화, 승자 독식 구조 등을 탈동조의 원인으로 지적하고 있다(Brynjolfsson and McAfee, 2014). 이런 요인들에 덧붙여서, 플랫폼 기업의 무상 전략과 나눔 전략, 지대 추구, 시장의 상대적 축소 등이 추가로 작용한 결과로 탈동조가 일어나고 있다고 할 수 있다.

중산층 소득의 정체뿐만 아니라 중산층 규모도 감소하고 있다. 〈그림 3.9.7〉는 25세에서 64세의 가구주 중에서 중위 소득의 50%~150% 사이인 비율을 나타낸다. 중산층 규모는 1979년 56.5%에서 2012년 45.1%로 감소했다.

탈동조는 노동과 소득이 분리되는 경향을 보여 준다. 즉, 노동에

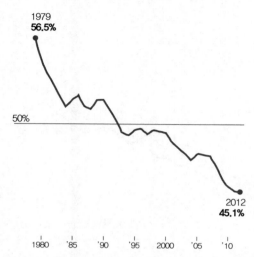

〈그림 3.9.7〉 중산층 규모의 감소

1979
56.5%

50%

2012
45.1%

1980　'85　'90　'95　2000　'05　'10

자료: Harvard Business Review (June 2015), https://hbr.org/2015/06/the-great-decoupling.

서 발생하는 소득이 점점 줄어드는 것이다. 노동에서 발생하는 소득
이 줄어든다는 것은 자산소득 등 비노동소득이 증가한다는 것을 의
미한다. 흔히 기본소득을 노동과 소득을 분리하는 정책이라고 생각
하고 있는데, 이는 부정확한 판단이다. 기본소득은 노동과 소득을 분
리하는 정책이 아니라 노동과 기본소득을 분리하는 정책이다. 노동
과 소득의 분리는 시장에서 일어나는 현상이다. 탈동조 현상이 바로
노동과 소득의 불일치, 비노동과 소득의 일치를 의미한다. 시장에서
는 점점 늘어나는 비노동소득을 운이 좋은 소수의 사람이 독점하고
있다. 노동하는 사람의 몫은 점점 줄어들고, 노동하지 않고 부동산이
나 주식을 가진 사람의 몫은 점점 커지고 있다. 기본소득은 소수가
독점하고 있는 비노동소득을 모두에게 공평하게 나누자는 정책이다.

　불평등 확대와 중산층 붕괴도 자산과 소득에 대하여 과감하게
과세하고 그것을 재원으로 해서 기본소득으로 재분배하는 정책의 필

요성을 증가시키고 있다. 기본소득세와 결합된 기본소득은 과세를 통해서 불평등을 축소하고 분배를 통해서 중산층의 소득을 늘리는 효과적인 정책이 될 수 있다.

(5) 일자리 문제

현재의 4차 산업혁명은 다양한 작업 영역에서 인간의 노동을 대체할 수 있는 "강한 인공지능"이 아니라 특정한 작업 영역에서 인간의 노동을 대체할 수 있는 "약한 인공지능"을 개발하고 있는 단계다. 예를 들어 〈알파고〉는 바둑을 인간보다 더 잘 두지만, 바둑돌을 실제로 집어서 바둑판 위에 놓는 능력은 없다.

물론 약한 인공지능만으로도 인간의 노동의 상당한 부분을 대체할 가능성이 있다. 프레이와 오스본은 미국 산업을 702개로 나누어 컴퓨터에 의해서 자동화될 가능성을 계산했다. 그 결과, 미국 일자리의 47%가 컴퓨터에 의해서 대체될 확률이 높다고 발표했다(Frey and Osborne, 2013, p. 38). 세계경제포럼은 선진 15개국에서 2015~2020년 사이에 주로 사무직과 행정직에서 일자리 710만 개가 감소하고 소규모 직업군에서 200만 개가 새로 창출되어 전체적으로 510만 개가 감소할 것이라고 전망했다(WEF. 2016, p. 13).

그러나 4차 산업혁명도 이전의 산업혁명과 마찬가지로 더 많은 일자리를 창출할 것이라는 견해도 있다. 스튜어트 등(Stewart et al., 1995)은 1871년부터 140년간의 잉글랜드와 웨일스의 데이터를 사용하여 기술 발전은 파괴한 것보다 더 많은 일자리를 창출했다고 결론지었다. 그들은 기술혁신이 일자리에 영향을 미치는 경로를 다음과 같이 네 가지로 구분했다. ① 기술이 노동을 대체하여 일어난 생산성 상승, 가격 인하(예를 들어, 농업과 제조업) ② 기술혁신 원천이 되는 산업에서 생산성 급속히 상승하여 일어난 노동 수요 증가(소프트웨어, 과학) ③ 기술혁신이 노동과 보완재가 되는 분야에서 새로운 노동 수요 창출(제약, 관리 컨설팅) ④ 낮은 가격과 생산비가 소비자들로 하여금 재량적 재화에 지출을 늘림(레크리에이션, 운동).(Stewart et al., 1995, p. 1)

기술혁신은 ①의 경로를 통해서는 일자리를 줄이지만 ②, ③, ④의 경로를 통해서는 일자리를 늘린다. 그런데 ②, ③, ④의 경로는 모두 수요 증가를 전제로 한다. 수요가 증가해서 일자리가 늘어나는 경로다. 지난 세 차례의 산업혁명 동안 기술적 실업이 현실화하지 않은 것은 기술혁신으로 인한 일자리 감소분보다 수요 증가로 인한 일자리 증가분이 더 컸기 때문이다.

4차 산업혁명은 어떨까? 인공지능은 인간의 지능을 대신하므로 적용할 수 있는 분야가 훨씬 광범위해서 기술적 실업도 광범위한 분야에서 일어날 것이다. 그렇다면 수요가 더욱 광범위하게 증가해야 기술적 실업이 현실화하지 않을 것이다. 그런데 자본이 고도로 집중되고 소득분배가 극단적으로 불평등해지는 경향으로 인해서, 수요가 획기적으로 늘어나기는 힘들어 보인다. 그러므로 정부가 대규모로 재분배를 시행해서 소비 수요를 획기적으로 늘리는 것이 필요하다. 일자리 창출을 위해서도 기본소득이 필요하다.

수요가 증가해서 일자리가 회복된다고 할지라도, 일자리 전환에는 시간이 걸리기 때문에 그동안 사람들의 생활이 문제가 된다. 그리고 수요가 확대되는 분야가 워낙 고도의 전문직 노동이 필요한 분야이어서, 대체된 사람들이 적합한 숙련을 과연 획득할 수 있는가도 문제가 된다. 장기적으로 더 많은 일자리가 생겨날 것이라고 하더라도 눈앞의 문제 해결에는 아무 도움이 되지 않는다.

2차 산업혁명 시기에 마차가 자동차로 대체될 때를 생각해 보자.

자동차가 등장하자 말과 마부들은 직업을 잃었다. 마부는 직업을 잃었지만, 운전사라는 새로운 직업이 생겨났다. 마부들은 몇 달만 숙련을 익히면 운전사가 될 수 있었다. 그리고 마부보다 더 많은 수의 운전사가 생겨났다. 마부들은 어렵지 않게 운전사가 될 수 있었고 주급도 늘었다.

3차 산업혁명은 어땠을까? 2020년 미국 대통령 선거에 기본소득을 공약하고 민주당 후보로 출마한 앤드류 양Andrew Yang은 다음과 같은 통계들을 이야기해 주고 있다. 2000년 이후 제조업에서 5백만 개의 일자리가 사라졌다. 그중 73%가 남성 일자리였다. 사라진 일자리 중 400만 개가 자동화로 인한 것이었다. 2012년 미국 노동성 조사에 의하면 2009년에서 2011년 사이 제조업에서 해고된 노동자의 41%는 여전히 일자리가 없었다. 인디애나 주 금속 제조업에서 2003년과 2014년 사이 해고된 20만 명의 노동자 중 44%는 2014년에 봉급 기록이 없었다. 2000년부터 장애인 수가 급증하기 시작했다. 미시건 주에는 2003년부터 2013년 사이 해고된 31만 명의 노동자 중 절반이 장애 수당을 받고 있다.(Yang, pp. 42-43)*

4차 산업혁명은 어떨까? 앤드류 양은 트럭 운전 분야를 예로 들고 있다. 트럭 운전사는 350만 명으로, 미국 29개 주에서 가장 종사

---

* 앤드류 양의 다음과 같은 생생한 이야기를 해주고 있다. 데이비드 오토David Author는 미국에서 "장애인 사회보장은 오늘날 본질적으로 실업보험으로 작용하고 있다"라고 말했다. 2014년에는 250만 명이 장애수당을 신청했다. 공휴일 제외하고 하루에 9,500명이다. 전국에는 1,500명의 장애 판단 판사가 있다. 장애수당 신청은 20년 전에 비해 두 배가 됐는데 신청의 50% 정도가 정신장애다. 평균 18개월을 기다려야 하고, 약 40%가 최종적으로 승인된다. 장애수당의 평생 가치는 30만 달러다. 장애수당 처리를 전문으로 하는 법률 회사들이 활동하고 있다. 토니Tony라는 사람은 42세인데, 실직된 후 장애수당을 신청해 보면 어떻겠냐는 심리 상담 치료사의 권유를 받고 다중 트라우마 뇌 손상(어린 시절 오토바이에 부딪힌 적이 있다)을 이유로 장애수당을 신청했다. 혼자 힘으로 신청해서 거절당하자 변호사에게 부탁해서 성공했다. 변호사에게 2,700달러를 지불하고 매달 1,200달러를 받게 된 것이다. 토니는 "나에게 장애를 주신 하나님께 감사한다"라고 말했다. (Yang, pp. 140~141)

자가 많은 직업이다. 720만 명이 트럭 운전사 대상 서비스업에 종사하고 있다. 트럭 운전사의 평균적인 특성은 다음과 같다. 나이 49세, 94%가 남성, 하루 11시간 노동, 1년에 240일 외부 숙박, 연봉 4만 달러, 88% 만성병 위험, 먹고 쉬고 자기 위하여 175억 달러 소비, 13%만 노동조합 소속, 90%가 10대 미만의 트럭을 소유한 소규모 사업자, 10%가 1대 소유자, 상당수가 참전 용사. 자율주행 트럭이 등장하면, 이들은 고속도로를 봉쇄하고 경제를 마비시키는 시위를 할지도 모른다(Yang, pp. 44~48).

신기술에 의해 일자리를 잃어버릴 위험에 몰린 사람들이 신기술 도입 저지를 위해 투쟁하는 일들은 이미 세계 곳곳에서 벌어지고 있다. 2018년 5월 로봇 도입에 위기를 느낀 라스베이거스 서비스 노동자들은 파업을 통하여 세 가지 사항을 얻어냈다. ① 신기술 도입 180일 전에 노조와 협의, ② 재교육 기회 제공, ③ 향후 재고용 기회. 2018년 10월 메리어트 서비스 직원들은 파업을 통하여 신기술을 도입할 때 165일 전에 예고하겠다는 양보를 얻어냈다(태원준, 2019). 180일이나 165일 뒤에는 어떤 대책이 있을까?

우리나라에서는 자율주행차가 도입도 되기 전인데도 2018년 12월과 2019년 1월 플랫폼 경제에 반대하는 택시 기사가 각각 안타깝게도 스스로 목숨을 끊었다.* 자율주행 택시나 자동차 플랫폼은 내수 산업이라 도입을 늦출 수 있을지 모르지만, 자율주행 트럭은 국제 경쟁의 압력으로 도입을 늦추기가 불가능할 것이다. 일자리 감소를 막기 위해 신기술 도입을 저지하려는 "21세기 러다이트운동"은 이미 심각한 사회적 문제가 되고 있다.

---

* 언론은 이 사건을 "공유경제"에 대한 노동자들의 저항으로 표현하고 있다. 플랫폼 경제 또는 나눔경제를 공유경제라고 부르는 것은 잘못된 것이지만, 4차 산업혁명에 적합한 경제는 공유경제라는 의식을 불러일으킨다면 나쁘지만은 않을 것이다.

시장경제에서 새로운 일자리는 근본적으로 혁신적인 창업에서 생겨나는 것이고, 기본소득은 일자리 문제에 대한 완전한 해결책이 될 수 없다. 그러나 기본소득은 몇 가지 측면에서 일자리 문제 해결에 도움을 줄 수 있다.

첫째, 일자리가 없어진 사람들에게 최소한의 안정적인 소득을 보장함으로써, 어려움을 견디어 내고 새로운 기술에 적합한 훈련과 교육을 받을 수 있는 여유를 제공해 준다.

둘째, 기본소득은 신기술 도입을 둘러싼 사회적 갈등을 줄일 수 있다.

셋째, 극심한 소득 불평등을 완화하여 신상품에 대한 중산층의 광범위한 소비 수요를 만들어냄으로써 노동 수요를 증가시키는 선도차 역할을 할 수 있다.

넷째, 안정적인 소득은 혁신적인 창업에 도움을 준다. 사람은 안전판이 있는 것을 보면 더 높이 뛸 수 있다. 떨어져도 다시 뛸 수 있다. 최소소득이 보장되지 않으면, 청년들 절반이 공무원 시험에 매달리는 혁신 없는 경제가 된다.

다섯째, 기본소득은 협동조합이나 사회적 기업 등과 같이 임금 이외에 자긍심 같은 도덕적 보상을 주는 분야에 노동 공급을 늘릴 수 있다. 농업도 그런 분야의 하나다. 농민기본소득이 주어진다면 농업에서 일자리가 많이 늘어나 도시 실업률을 낮출 수 있다.

여섯째, 기본소득은 노동시간 단축(일자리 나누기) 정책의 수용성을 높일 수 있다. 무조건 노동시간을 단축한다면 노동자들이 받아들이기 힘들겠지만, 기본소득을 지급하면서 노동시간을 단축한다면 받아들이기 쉬워진다. 이처럼 기본소득은 완전고용을 위한 다른 정책들이 원만하게 작동할 수 있는 토대를 제공해 준다.

제10장 불안정노동자와 기본소득의 필요성

4차 산업혁명으로 인해서 새로운 일자리가 충분히 생긴다고 할지라도, 그것이 불안정한 일자리라면 일자리 부족 못지않게 커다란 사회적 문제가 될 것이다. 기본소득은 다른 무엇보다도 불안정노동자를 위한 정책이라고 할 수 있다.

불안정노동자

이 장의 목적은 우리나라 불안정노동자의 현황과 기본소득의 필요성을 살펴보는 것이다. 가이 스탠딩은 노동자의 안정성을 일곱 가지로 구분하고, 이러한 안정성이 없는 노동자 계층을 "프레카리아트precariat"라고 정의했다(Guy Standing, 2012, p. 10). "프레카리아트"란 '불안정하다'는 뜻의 "precarious"와 노동자를 의미하는 '프롤레타리아proletariat'를 합친 것이다. 여기서는 프레카리아트를 "불안정노동자"로 부르려고 한다. 그리고 불안정노동자의 여덟 번째 기준으로 복지안정성을 추가하려고 한다.

① 노동시장 안정성: 적절한 소득 획득 기회. 거시경제 차원에서는 완전고용을 추구하는 정부가 전형적인 모습.
② 고용 안정성: 자의적 해고로부터 보호, 고용과 해고에 관한 규제, 규제를 위반하는 고용주에 대한 비용 부과.
③ 직업 안정성: 고용을 유지할 수 있는 능력과 기회. 숙련 해체에 대한 장벽. 지위와 소득에서 상향 이동 기회.
④ 작업 안정성: 작업에서 사고와 질병으로부터 보호.

⑤ 숙련 재생산 안정성: 숙련을 획득할 기회.

⑥ 소득 안정성: 안정적이고 적절한 소득의 확보.

⑦ 대표 안정성: 노동조합 가입, 파업권.

⑧ 복지 안정성: 복지 수급권이 있고, 복지 차별이 없음.

우리나라 불안정노동자의 규모를 추정하기 전에, 영국과 미국에서 불안정노동자 중에서도 가장 불안정한 노동자들에 대하여 살펴보자.

영국과 미국의 긱 경제

영국 기업에너지산업부는 긱 경제gig economy*를 다음과 같이 정의하고 종사자들의 규모를 추정하는 보고서를 발표했다. "긱 경제는 개인들 또는 기업들 사이에, 제공자와 고객 사이의 매칭을 능동적으로 활성화하는 디지털 플랫폼을 통해서, 단기적으로 과업 단위의 지불에 기초해서 돈과 노동을 교환하는 것을 포함한다."(Lepanjuuri, Wishart and Peter Cornick, 2018, p. 4) 영국 인구의 4.4%가 지난 12개월 중에 긱 경제에서 일했는데, 이것은 약 280만 명에 해당한다. 긱 경제의 42%는 배달업이었다. 이 정의는 이베이eBay, 에어비앤비Airbnb 같이 재화나 자산을 제공하는 사람을 제외했으므로 긱 경제의 규모를 적게 추정한 것으로 볼 수 있다. 긱 경제에서 하는 일은 배송(쿠리에) 서비스(CitySprint, AnyVan, AmazonFlex) 42%, 웹사이트나 앱을 통한 노동(TaskRabbit, Upwork, PeoplePerHour, Fiverr) 37%, 차량을 통한 운송(Uber, Hailo/MyTaxi) 28%, 음식 배달 서비스(Delveroo, UberEATS,

---

* "긱gig"은 '하루 저녁의 재즈 연주 일거리'를 의미하는 단어였다고 한다.

Jinn) 21% 순이다(Lepanjuuri, Wishart and Peter Cornick, 2018, p. 19).

긱 경제 중에서도 1996년 합법화된 "영 시간 계약zero-hours contract"은 불안정한 일자리의 극단적인 형태다. 영 시간 계약이란 근로시간을 특정하지 않고 고용주가 원하는 시간에만 일하는 고용계약 방식이다. 급여는 일한 시간만큼만 지급된다. 따라서 주급이나 월급이 얼마가 될지 사전에 예측할 수 없다. 영국에서 영 시간 계약 노동자는 90만1천 명으로 전체 고용자의 2.8%로 추정된다. 2012년 25만2천 명에서 64만9천 명 증가한 값인데, 이 기간 전체 고용 증가의 1/4에 해당한다. 유사한 범주로 "최소 시간 무보장 계약no guaranteed minimum number of hours(NGHCs)"이 있는데, 이 범주에 속하는 노동자들은 180만 명으로서 전체 노동자의 6%를 차지한다.

〈그림 3.10.1〉 영국에서의 영 시간 계약 노동자 수의 변화

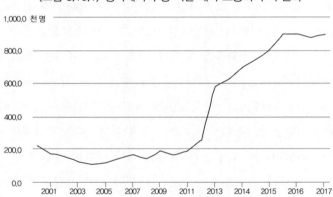

자료: Labour Force Survey (LFS) – Office for National Statistics. (https://www.ons.gov.uk/employmentandlabourmarket/peopleinwork/earningsandworkinghours/articles/contractsthatdonotguaranteeaminimumnumberofhours/april2018.)

미국에서는 긱 경제를 "온 디맨드 경제on-demand economy"라고도 부르는데, 미국 상무성Department of Commerce은 이를 다음과 같이 "디지털 매칭 경제digital matching economy"로 정의했다(US Department of Commerce, 2016).

① 모바일 앱이나 인터넷 접속이 가능한 IT 기기를 활용한 P2P 거래.

② 플랫폼의 신뢰도 제고를 위해 공급자와 수요자를 상호 평가할 수 있는 시스템 보유.

③ 서비스 공급자가 자신이 일하고 싶은 시간 및 기간을 선택할 수 있는 시간적 유연성.

④ 서비스 공급자가 소유한 도구와 자산을 이용해 서비스를 제공.

카츠와 크루거는 임시 도움 기구 소속 노동자, 호출 노동자, 계약 노동자, 독립 계약자 또는 프리랜서라고 불리는 노동자들을 "대체 노동계약alternative work arrangements"이라는 범주에 넣고 그 규모를 추정했다. 그 결과, 대체 노동계약 노동자의 규모가 2005년에는 전체 노동자의 10.1%에서 2015년에는 15.8%로 증가했다(Katz and Krueger, 2016).

갤럽은 2018년 긱 경제에 주된 직업으로 종사하는 사람의 비율이 29%이고, 복수 직업 중의 하나로 참여하는 사람까지 포함하면 36%가 된다고 추정했다. 노동자 세 명 중 한 명은 긱 경제에 종사하고 있다고 할 수 있다. 갤럽의 추정 결과는 〈표 3.10.1〉과 같다. 온라인 플랫폼 노동자는 풀타임 노동자 중에서는 6.8%를 차지하고, 파트타임 노동자 중에서는 9.5%를 차지하며, 전체 노동자 중에서는 7.3%를 차지한다.

〈표 3.10.1〉 긱 경제 종사자 비율 (단위:%)

분류	풀타임 중에서	파트타임 중에서	전체 중에서
하청기업 노동자	8.5	11.3	9.1
독립 계약자	10.9	31.1	14.7
호출 노동자	4.4	14.7	6.4
온라인 플랫폼 노동자	6.8	9.5	7.3
임시 노동자	4.5	16.6	6.8
주된 직업이 위에 해당	24.4	49.4	29.1

자료: Gallop, 2018, p. 7.

우리나라 불안정노동자 규모

여기서는 통계청의 2018년 8월 경제활동인구조사 결과(http://
kosis.kr/common/meta_onedepth.jsp?vwcd=MT_OTITLE&listid=MT_CTITLE_
H&conn_path=H2)를 가지고 우리나라 불안정노동자의 규모를 대략적
으로 추정해 보려고 한다.

첫 번째 범주는 비정규직이다. 비정규직의 정의와 규모는 통계청
의 경제활동인구조사 부가조사를 분석한 김유선의 정의와 추정에 따
른다(김유선, 2018). 비정규직은 장기임시근로, 한시근로, 시간제근
로, 호출근로, 특수고용, 파견, 용역, 가내근로의 합으로 구성되며, 합
계 821만 명으로 전체 임금노동자의 40.9%다. 정부의 공식 통계에서

〈표 3.10.2〉 우리나라 불안정노동자 구성(2018년 8월) (단위: 만 명)

15세 이상 인구		4,421
경제활동인구		2804
확장경제활동인구		2,976
취업자	취업자	2,691
	비정규직(김유선 정의)	821
	정규직(취업자 − 비정규직)	1,870
	비임금근로자	686
	자영업	568
	고용원 있음	165
	고용원 없음(영세 자영업)	403
	무급 가족 종사자	118
사실상 실업자	사실상 실업자	350
	공식 실업자	113
	시간 관련 추가 취업 가능자	65
	잠재 경제활동인구	172
불안정노동자	비정규직 + 영세 자영업자 + 무급 가족 + 사실상 실업자	1,692
	비율	56.85%

자료: KOSIS 경제활동인구조사에서 계산

는 장기임시근로*를 비정규직에 포함하지 않고 있다. 그러나 이들의 시간당 임금은 8,955원으로 정부의 공식 비정규직근로자보다 낮고, 주당 노동시간은 46.8시간으로 공식 비정규직근로자보다 길며, 사회보험 적용률은 31~39%, 시간외수당 등 노동조건 적용률은 11~42%로 매우 낮으므로 비정규직에 포함되어야 마땅하다(김유선, 2018, 34쪽). 김유선의 비정규직 범주는 당연히 가이 스탠딩의 불안정노동자 범주에 속한다.

　두 번째 범주는 영세 자영업자와 무급 가족 종사자를 포함한 것이다. 자영업자 중에서 고용원이 없는 자영업자 403만 명의 대부분은 영세 자영업에 해당한다고 볼 수 있을 것이다. 무급 가족 종사자는 동일 가구 내 가족이 경영하는 사업체, 농장에서 무보수로 일하는 사람을 말하는데, 조사 대상 주간에 18시간 이상 일한 사람은 취업자로 분류되므로 대부분 불안정 영세 자영업자를 도와주는 불안정노동자라고 볼 수 있을 것이다. 우리나라에서 영세 자영업자를 불안정노동자 범주에 넣는 이유는 불안정노동자의 기준 중에서 특히 소득 안정성과 복지 안정성이 낮기 때문이다.

　세 번째 범주는 "사실상 실업자"다. 여기서는 경제활동인구조사에서 고용보조지표 3으로 발표되는 350만 명을 사실상 실업자로 간주했다.** 가이 스탠딩도 실업자를 프레카리아트 범주에 포함시키고 있다.

---

* "장기임시근로"란 경제활동인구조사 본조사에서는 임시일용이라고 대답했지만, 경제활동인구조사 부가조사에서는 일곱 가지 비정규직 중의 하나라고 응답하지 않은 노동자를 의미한다.

** "시간 관련 추가 취업 가능자"는 조사 대상 주간에 실제 취업시간이 36시간 미만이면서, 추가 취업을 희망하고 추가 취업이 가능한 자다. 잠재경제활동인구 = 잠재 취업자 + 잠재 구직자. "잠재 취업자"는 비경제활동인구 중에서 지난 4주간 구직 활동을 했으나 조사 대상 주간에 취업이 가능하지 않은 자이고, "잠재 구직자"는 비경제활동인구 중에서 지난 4주간 구직 활동을 하지 않았지만 조사 대상 주간에 취업을 희망하고 취업이 가능한 자다. (http://www.narastat.kr/metasvc/svc/SvcMetaDownPreview.do)

〈표 3.10.2〉를 한 눈에 보이도록 〈표 3.10.3〉과 같이 정리하는 것도 좋을 것이다. 〈표 3.10.3〉에서 색칠된 칸은 "시간 관련 추가 취업 가능자"가 대부분 비정규직일 것이므로 비정규직 취업자와 "사실상 실업자"에 중복해서 소속되어 있다는 것을 의미한다.

〈표 3.10.3〉. 경제활동인구 구성 (2018년 8월) (단위: 만 명)

실제 비경제 활동인구 1,445	생산가능인구 : 4,421								
	확장경제활동인구 : 2,976								
	사실상 실업자 350			취업자 2,691					
	공식 실업자 113	숨은 실업자 238		비정규직 821	무급 가족 118	영세 자영업자 403	자영업자 165	정규직 1,870
	불안정노동자 : 1,692								

이상을 종합해 보자. 비정규직, 영세 자영업자, 무급 가족 종사자, "사실상 실업자"를 불안정노동자로 볼 때, 불안정노동자는 모두 1,692만 명으로, 확장경제활동인구(취업자 + 사실상 실업자 − 중복 제거) 2,976만 명의 56.85%에 해당한다. 실업자가 과소 추계되는 경향을 고려하면 대략 60%의 노동자가 불안정노동자라고 할 수 있다.

대학생들 사이에 "꿈의 직장"이라고 불리는 재벌 기업이나 공공 기관 노동자 수는 얼마나 될까? 2018년 3월 기준 57개 대기업 집단에 속한 1,991개의 계열기업에 근무하는 노동자 수는 203만 명인데, 이 중에 정규직은 123만 명(정규직 비율 59.8%)이다(김유선, 박관성, 2018, 8쪽). 공공 부문에는 중앙 부처, 자치단체(지방정부), 공공 기관, 지방 공기업, 교육기관 모두 합쳐서 217만 명의 노동자가 있는데, 이 중에서 정규직은 175만 명(정규직 비율 80.8%)이다. 이상을 종합하면, 재벌 기업 + 공공 기관 정규직노동자의 수는 298만 명이고, 확장경제활동인구의 10.0%에 해당한다.

우리나라의 노동시장을 한마디로 요약하면, 10%의 노동자만 특별한 안정성을 누리고 있고 60%의 노동자는 과도한 불안정성에 시달리고 있다고 할 수 있다. 우리나라에서 중산층의 표준적인 경제적 지위는 불안정노동자다. 60% 대 10%라는 비율은 다음과 같은 선언문이 나오지 않을까 약간은 걱정되는 비율이다. '불안정노동자는 무엇인가? 거의 모든 것everything이다. 지금까지 경제 질서에서 무엇이었나? 아무것도 아니었다nothing. 무엇이 되기를 원하나? 무엇인가 중요한 것something이 되기를 원한다.'

소득과 복지의 차별

〈그림 3.10.2〉는 정규직과 비정규직의 월평균임금의 추이를 보여주고 있다. 2018년 8월 정규직은 월평균임금이 321만 원이었는데 비정규직은 163만 원이었고, 정규직 임금을 100으로 보면 비정규직은 50.7이었다. 이러한 격차는 2010년 8월의 46.9에 비하면 상당히 개선된 것이지만, 2000년 8월의 53.7에는 아직 못 미치고 있다.

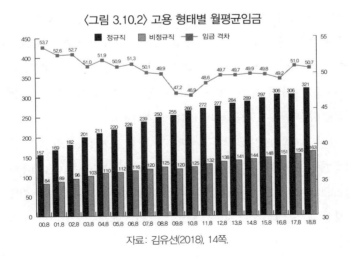

〈그림 3.10.2〉 고용 형태별 월평균임금

자료: 김유선(2018), 14쪽.

〈그림 3.10.3〉은 비정규직노동자의 복지 차별을 요약해서 보여
주고 있다. 국민연금의 경우, 정규직노동자는 95.3%가 가입되어 있
지만 비정규직 가입자는 33.0%에 불과하다. 건강보험의 경우에도 정
규직 98.8%, 비정규직 41.9%로 차이가 크다.

〈그림 3.10.3〉 비정규직노동자의 복지 차별 (단위: %)

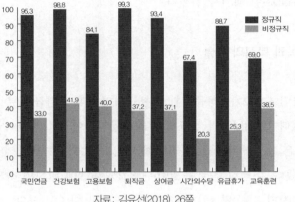

자료: 김유선(2018), 26쪽.

　비정규직의 복지 차별은 노동권 차별과 밀접한 연관이 있다. 노
동권 보장의 대표적인 지표가 노동조합 조직률일 것이다. 2018년 8월
현재 정규직의 노조 조직률은 19.6%인데 비해서 비정규직의 노조 조
직률은 2.1%다(김유선, 2018, 31쪽). 정규직도 세계적으로 낮은 수준
이지만 비정규직은 정규직의 1/10에 불과하다.
　자영업자의 소득(매출 – 비용)을 직접 조사한 신뢰할 만한 보고
서는 매우 드물다. 진입과 퇴출이 빈번하고, 세금 문제로 매출을 조
사하기도 어렵고, 매출을 안다고 하더라도 비용까지 조사해서 소득
을 계산하기는 더욱 쉽지 않다. 중소기업청에서는 2010년『전국소상
공인 실태조사 보고서』를 공개한 적이 있다. 〈표 3.10.3〉에서 보면 자

영업자 중 26.8%가 적자 및 무수입이었고, 월 소득 100만 원 이하가 전체 소상공인의 57.2%였다. 상당수의 자영업이 폐업하는 것을 보면 매출이 수백만 원이라고 할지라도 소득이 마이너스인 업체가 상당할 것으로 추정된다.

〈표 3.10.3〉 소상공인 소득 분포 (2010년)

순이익(원)	적자,무수입	1~100만	101~200만	201~300만	301~400만	401만~	평균
비율	26.8%	30.8%	23.4%	9.9%	3.5%	5.6%	149만

자료: 중소기업청(2010)

다른 하나의 방법은 자영업 가구를 조사하는 것이다. 김복순은 통계청의 『가계동향조사』자료를 활용하여 2009년부터 2013년까지 2인 이상 도시 가구 중 임금근로 가구와 자영업 가구의 월평균 소득을 추정했다(김복순, 2014). 2013년 임금근로 가구는 461만 원이었는데, 자영업 가구는 349만 원이었다. 해당 기간 임금근로 가구와 자영업 가구의 격차는 계속 확대됐다. 그리고 자영업 가구의 상대적 빈곤

〈그림 3.10.4〉 자영업자와 임금근로자 1인당 소득 추이 (단위: 백만 원/연간)

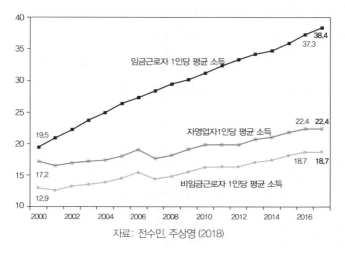

자료: 전수민, 주상영 (2018)

율은 20.9%로서 임금근로 가구의 7.2%보다 높았다.

또 다른 방법은 한국은행의 『국민계정』 통계를 활용하는 것이다.* 전수민과 주상영은 이 방법을 사용하여 자영업자 1인당 소득을 〈그림 3.10.4〉와 같이 추정했다. 2017년 자영업자의 1인당 평균 소득은 연간 2,240만 원이었는데, 임금근로자의 평균 소득 3,340만 원에 비해서 낮은 수준이다. 2,000년 이후 자영업자 소득과 임금근로자 소득의 격차는 꾸준히 확대됐다. 그림에서 비임금근로자 1인당 평균 소득은 1,870만 원으로 훨씬 더 낮은데, 이것은 자영업자와 무급 가족 종사자를 합친 숫자로 나눈 값이다(전수민, 주상영, 2018).

이상의 추정들로부터 영세 자영업자는 임금근로자보다 평균 소득이 더 낮고 둘 사이의 격차가 확대되고 있다는 것이 분명하다. 전통적인 계급 이론에 따르면 자영업자를 노동자 범주와 구별하는 경향이 있지만, 자영업자는 노동하고 있고 가난하므로(워킹 푸어) 불안정노동자 범주에 포함시키는 것이 마땅할 것이다. 영세 자영업자 대부분은 임금근로자뿐만 아니라 비정규직임금근로자보다도 열악한 처지에 있을 터인데, 이것을 통계적으로 확인하는 작업이 시급하다.

비정규직과 불안정노동자의 복지 차별 중에 가장 불합리한 복지 차별이 있다. 그것은 국민연금과 건강보험에서의 보험료 차별이다.

첫째로, 건강보험에 고유한 차별. 직장 가입자(대부분 정규직)는 소득만 가지고 보험료를 계산하는데 지역 가입자(대부분 불안정노

---

* 국민소득을 추계하는 과정에서 가계 및 비영리단체의 영업 잉여가 구해지는데, 이것을 자영업 소득으로 볼 수 있다. 자영업 소득을 자영업자 수로 나누면 자영업자 1인당 소득을 구할 수 있다. 이 방법은 자영업자 1인당 소득의 평균에 대한 가장 정확한 방법이라고 할 수 있다. 그러나 자영업자 1인당 소득의 분포를 알기는 불가능하고 영세 자영업자 소득과 고소득 자영업자 소득을 구분할 수 없다는 문제가 있다. 그런데 국민계정에서는 복식부기 의무 개인 사업자(업종에 따라 수입 7천5백만 원, 1억5천만 원, 3억 원 기준)의 영업 잉여를 법인소득으로 집계하므로(김석기, 2016), 가계 및 비영리단체 영업 잉여를 중소자영업자 소득으로 볼 수 있다.

동자)는 소득과 재산을 가지고 보험료를 계산하는 문제가 있다. 전체적으로 보아서 소득과 재산을 합친 값이 동일할 때 지역 가입자가 직장 가입자보다 보험료를 더 내게 된다. 경제적으로 더 열악한 지위에 있는 사람에게 더 많은 보험료를 걷으니 불공정한 결과다.*

둘째로, 건강보험과 국민연금에 공통적인 차별. 국민연금의 보험료는 사업장 가입자(정규직)는 자신의 기준 소득 월액의 1000분의 45를 부담하고, 사업주가 1000분의 45를 부담한다. 지역 가입자는 본인이 1000분의 90을 부담한다(『국민연금법』 제88조). 건강보험의 경우도 마찬가지다. 직장 가입자는 사업주가 절반을 부담하고 지역 가입자의 경우 본인이 전부를 부담한다(『국민건강보험법』 제76조).

이것은 불공정할 뿐만 아니라 어리석은 제도다. 불공정하다는 것은 정규직이 불안정노동자보다 더 낮은 보험료를 내기 때문이다. 어리석다는 것은 사업주에게 정규직 채용을 회피할 유인을 주기 때문이다. 정규직 고용이 황금처럼 귀중해진 시기에 정규직을 많이 고용하는 기업가를 처벌하고 있는 셈이다. 기본소득은 이 문제를 해결하는 출발점이 될 수 있다.

차별 해소

비정규직은 소득에서 차별을 받을 뿐만 아니라, 노동권에서도 차

---

* 이 문제에 관하여 헌법재판소는 합헌 결정을 내렸다. 다수 의견(5명)은 지역 가입자의 소득 신고액이 직장 가입자보다 낮으므로 재산을 고려하는 것이 평등 원칙에 어긋나지 않는다고 주장했다. 반대 의견(4명)은 지역 가입자 중에서 공단이 소득 자료를 보유하고 있지 않은 세대는 주로 소득이 영세해 조세 행정상 관리의 실익이 없는 경우로서 영세 자영업자나 농어민, 일용근로자나 무직자, 실직자 등이 여기에 해당하므로 오히려 이들에게는 보험료 부담에 있어 특별한 배려가 필요하다고 주장이었다(2015헌바199, 2016년 12월 29일). 5 대 4를 4 대 5로 만드는 것은 그리 멀어 보이지 않는다.

별을 받고 복지권에서도 차별을 받는다. 심지어 결혼 등 사회적 차별까지 받는다. 차별이 이렇게 심하니, 정규직은 "해고는 살인"이라고 외치게 되고, 비정규직은 차별을 견디다 못해 목숨까지 내던지게 된다. 그러나 비정규직보다 더 크게 차별을 받는 불안정노동자도 많다. 이들은 노동자라고 인정받기 위해서 장기 투쟁을 벌이고 있다.

우리나라 사회정책의 기반은 완전고용을 전제로 한 표준고용관계다(김교성, 백승호, 서정희, 이승윤, 2018년, 97쪽). 복지권은 노동권과 강하게 연결되어 있다. 노동자로 인정되어야 단결권, 단체교섭권, 단체행동권이 생기고, 복지 수급권도 생긴다. 국민연금과 건강보험 보험료도 절반으로 인하된다. 그러나 경제활동인구의 60%를 차지하는 불안정노동자 중 상당 부분은 이미 표준고용관계에서 벗어나 있다. 앞으로 불안정노동자는 더욱 늘어날 전망이다. 기술혁신 때문이기도 하지만, 표준고용을 불리하게 만드는 불합리한 복지제도 때문이기도 하다. 기업은 표준고용에 수반되는 복지 비용을 절약하기 위해서 고용 형태를 다각화하려고 한다.

고용 형태의 다각화 방식에는 근로기간을 제약하는 방식과 고용관계를 삼각 고용관계나 위장 고용관계로 변형시키는 방식이 있다(김교성, 백승호, 서정희, 이승윤, 2018년, 98쪽). 특히 플랫폼 경제에서 이루어지는 노동은 노동으로 인정받기 쉽지 않다. 플랫폼 노동은 온라인에서 계약하고 오프라인에서 실행하는 주문형 앱 노동과 온라인에서 계약하고 온라인에서 실행하는 크라우드crowd 노동으로 나눌 수 있다. "주문형 앱 노동"은 우리나라에서는 근로자로 인정받지 못하고 있지만, 미국에서는 사실상 근로자로 인정받은 사례가 있다. 그러나 "크라우드 노동"은 세계 어느 곳에서도 근로자로 인정받기 힘들어 보인다(김교성, 백승호, 서정희, 이승윤, 2018년, 106~111쪽).

그렇다면 불안정노동(비정규직 포함) 철폐에만 매달리지 말고 불안정노동 차별 철폐를 동시에 추진할 필요가 있다. 불안정노동 차별을 철폐하려면, 소득 차별, 노동권 차별, 복지권 차별을 없애야 한다. 노동자의 대표적 권리가 단결권, 단체교섭권, 단체행동권이므로, 이 세 가지 권한을 모든 불안정노동자에게 부여할 필요가 있다. 예를 들어 "생활을 위해 근로 또는 근로의 산물을 제공하고 금전을 받는 계약자 중 경제적 지위로 보아 불리한 처지에 있는 자는 단결권, 단체교섭권, 단체행동권을 갖는다"라고 입법할 수 있을 것이다. 복지권 차별을 완화하기 위해서는 복지권과 노동권을 분리할 필요가 있는데, 기본소득이 바로 그런 방향의 정책이다.

불안정노동자 소득보장 정책

여기서는 논의를 불안정노동자의 소득보장에 한정하여, 선별소득보장이 갖고 있는 문제점을 살펴본 뒤 기본소득이 효율적이고 공정한 소득보장 정책이라는 것을 설명하려고 한다. (여기서는 "소득보장"과 "소득보조"를 같은 의미로 자유롭게 사용하려고 한다.) 먼저 다음과 같이 용어를 정의하자.

효과성: 소득보장이 필요한 불안정노동자의 소득을 제대로 보장하는 것. 포착률.
형평성: 억울하게 탈락하거나 부당하게 선정되지 않는 것. 가처분소득 역전(소득보장을 받음으로써 시장소득이 더 많은 사람보다 가처분소득이 더 많아지는 현상)이 일어나지 않는 것.
행정비: 대상자 선별 등 감독 등에 들어가는 비용.
역선택: 복지 수급을 위하여 자신의 경제적 지위를 숨기는 행위. 은행 예금을 친척 명의로 옮겨놓고 신청하는 행위 등.

도덕적 해이: 복지 함정. 한계 세율 100%. 대상자가 되고 나면 노동 유인이 사라져서 일자리가 있더라고 일하지 않는 것.

인권 존중: 낙인효과가 없다.

공정성: 부자일수록 정책의 순부담액이 증가하는 것.

효율성: 정책으로 일자리가 줄어들거나 사람들이 수급자가 되기 위하여 종사상 지위를 변화시키면 경제 효율성이 감소한다.

구직수당을 가지고 논의를 시작해 보자. 여기서 "구직수당"은 「고용보험법」에 의해서 지급되는 실업급여(구직급여와 취업촉진수당)와 이름이 비슷하여 혼동의 여지가 있는데,* 한 번도 취업된 적이 없거나 「고용보험법」에서 정한 소정급여일수(근로자 최대 240일, 자영업자 최대 180일)가 넘어서 실업급여를 받을 수 없는 사람들에게 지급되는 수당(실업부조)을 말한다.

우리나라에는 아직 전면적인 구직수당이 없고, 2019년부터 청년들에게 청년구직활동지원금이라는 이름으로 시범적으로 지급되기 시작될 것이다. 요건은 중위 소득 120% 이하이고, 구직활동계획서와 월별구직활동보고서를 제출해야 한다. 지원금은 한 달에 50만 원씩 6개월 300만 원이고, 2019년 확보된 예산으로 보아 수혜자는 10만 명 이하로 예상된다.

청년구직활동지원금은 숫자도 한정되어 있고 지급 기간도 한정되어 있어서 노동시장에 거의 영향을 미치지 않으면서 수혜자들에게 혜택을 줄 수 있다. 그러나 청년 "사실상 실업자" 100만 명 중 10%만 수혜자가 되므로 효과성과 형평성에 문제가 있다. 선정되면 갑자기 탈락한 청년보다 가처분소득이 높아지는데, 탈락한 청년이 더 많을

---

* 근로의무를 강조하기 위하여 사실상의 실업자에게 지급되는 거의 모든 수당 이름에 구직이라는 단어를 넣으니까 이름이 너무 비슷해져서 구분하기도 힘들어졌다.

것이다. 형평성이 크게 문제가 되면 정책 지지율을 오히려 떨어뜨릴 수 있다.

효과성을 높이고 형평성 문제를 해결하기 위하여 수혜자를 늘리고 지급 기간을 늘리면 역선택 문제가 생긴다. 구직수당이 6개월에 300만 원이라면 떨어져도 그만이지만, 2년에 1,200만 원이라면 차원이 달라진다. 은행 예금을 다른 친척 명의로 옮겨 놓고 신청하는 일이 생길 것이다. 형평성이 조금만 훼손되어도 심각한 사회적 문제가 될 것이다. 예를 들어 타워 팰리스에 사는 청년이 구직수당을 받았다는 보도가 나오면 큰 분노를 일으킬 것이다. 선별을 공정하게 하려면 행정비를 크게 늘려야 한다.

역선택의 극단적으로 예로서, 만약 50%의 비경제활동인구가 구직 활동을 하는 척하고 구직수당을 신청한다고 하면, 사실상의 청년 실업률은 현재의 20%에서 70%로 될 것이고 구직수당 제도는 유지 불가능하게 된다.

우리나라에서도 최근 구직수당 지급 등 실업자에 대한 복지가 늘어나니까 실업자가 늘어나는 현상이 나타나고 있다. 2019년 1월 실업자 수는 한 해 전보다 20만4천명 늘어 122만4천명을 기록했다. 2000년 이후 최대 규모다. 이러한 현상이 일어난 원인 중의 하나는 실업자 지원 정책의 확대다. 정부의 고용보험, 구직훈련 확대 같은 실업자 지원 정책은 구직 활동을 대가로 수당이나 서비스를 제공하는 만큼 비경제활동인구로 분류됐던 이들이 지원을 받기 위해 취업 전선에 뛰어들기 때문이다.([더(the) 친절한 기자들]「실업자 수 역대 최대? 무엇을 봐야 하나」, 『한겨레』 2019년 2월 21일. http://www.hani.co.kr/arti/economy/economy_general/ 882948.html?_fr=mt2.)

이러한 역선택을 막기 위해서는 행정비를 들여서 자격 심사를 엄격하게 하고, 줄을 길게 밖으로 서게 하고, 강한 수치심을 줄 필요가 있다. 독일의 실업부조 정책인 하르쯔 피어Harz Ⅳ의 경우, 실업부조를 신청한 여성에게 매춘을 강요한 경우까지 있었다.*

도덕적 해이에 관해서는 핀란드의 사례에서 교훈을 얻어야 한다. 제1부에서 언급했듯이, 핀란드는 모든 국민에게 최저생활비 수준의 구직수당을 평생 보장한다. 완전고용일 때에는 큰 문제가 안 됐지만, 청년 실업이 늘어나면서 노동 유인을 없애는 것이 큰 문제가 되고 있다. 비정규직으로 일하면 구직수당을 못 받아서 가처분소득이 오히려 줄어들기 때문에, 한번 수급자가 되면 일하고 싶어도 일을 할 수 없다. 도덕적 해이는 경제 효율성을 떨어뜨린다. 구직수당 금액이 높으면 구직수당 이하의 임금밖에 지급할 여력이 없는 일자리는 사라지거나 생겨나지 않게 되어 경제 전체의 생산이 줄어들게 된다.

구직수당을 실행하면서 필요한 재원을 소득세 징수로 마련한다고 가정해 보자. 비정규직과 영세 자영업자도 조금은 세금을 부담하게 될 것이다.** 결국 정규직노동자, 영세 자영업자, 비정규직노동자 등이 순부담자가 되고, "사실상 실업자"가 순수혜자가 된다. 그런데 "사실상 실업자"는 일을 안 하더라도 굶어죽지 않을 만한 형편이 되어 일을 안 하는 사람이다. 공무원 시험 준비를 하는 대학생을 생각해 보면 된다. 이 대학생을 위하여 최저임금을 받는 고졸 비정규직이나 자기 임금을 공제하면 소득이 마이너스가 될 영세 자영업자를 순부담자로 만드는 정책은 공정하다고 할 수 없다.

기초생활 보장 제도도 구직수당과 거의 동일한 문제를 가지고

---

* Clare Chapman, "If you don't take a job as a prostitute, we can stop your benefits", The Telegraph, 2005년 1월 30일. 참고로, 독일에서는 매춘이 합법이다.

** 정책에 공짜는 없다. 기존의 예산으로 실행한다고 할지라도 결국은 부가가치세, 소득세, 법인세 등에서 충당하는 것이다. 이 중 소득세와 부가가치세는 비정규직, 영세 자영업자가 일부 납부하는 세금이다. 따라서 기존의 예산을 가지고 실행한다는 것은 비정규직과 영세 자영업자에게 일부의 부담을 지우면서 실행하는 것이다.

있다. 현재처럼 인구의 3% 정도의 사실상 노동능력이 없는 사람들에게 지급하는 경우에는 경제에 별다른 영향을 미치지 않는다. 그러나 부양 의무자 조건을 없애는 등의 방법으로 수급 대상을 중위 소득 30% 이하라든지 하위 10% 정도로 확대한다면, 역선택, 도덕적 해이(노동 유인), 행정비, 경제 효율성에서 문제가 생기게 된다. 차상위계층보다 기초생활수급자의 가처분소득이 높아져서 형평성 문제가 두드러지게 될 것이다. 하위 10% 이하의 사람 중에서 비정규직으로 일하다가 복지 수급을 위해서 노동을 중단하는 사람이 생긴다면 경제 효율성이 떨어지게 된다. 워킹 푸어인 비정규직과 자영업자를 순부담자로 만들면서 하위 10% 이하의 소득을 보장하는 정책이 공정하다고 말하기 힘들다.

다음으로 비정규직의 소득보장 정책을 생각해 보자. 비정규직에게 소득보조를 할 때는 기업에 보조하는 방법과 노동자에게 보조하는 방법이 있다. 기업에 보조하는 경우, 정규직 전환을 촉진하기 위하여 정규직 전환을 할 때 기업 부담 보험료나 조세를 감면하는 방법 등이 있는데, 보조금의 액수가 정규직과 비정규직의 임금 격차 이상이 되지 않는 한 실효성이 없고, 보조금이 지급되는 기간에만 정규직으로 전환했다가 보조금이 끝나면 해고하는 현상이 나타날 수 있다(취업 촉진을 목적으로 하는 대기업이나 공기업의 인턴사원 제도에도 같은 현상이 일어나고 있다). 보조금 없이 정규직 전환을 강제하면 고용이 크게 줄어들어 비정규직근로자들이 오히려 반대할 가능성이 있다.* 비정규직에게 보조하는 경우에는 정규직 전환을 촉진하는 효과가 없고, 비정규직이라는 조건 아래서 지급되기 때문에 비정규

---

* 비정규직 시간강사에게 조금이라도 낳은 대우를 하도록 하는 "시간강사법"의 경우, 국가보조금 지원이 불충분해서 커다란 사회적 문제가 되고 있다. 사립이라고 할지라도 시간강사를 포함한 교수 인건비는 국가가 부담하는 것이 인력 양성과 인재 유출 방지를 위해서 필요하다.

직을 고착화하거나 오히려 확대할 수 있다. 그리고 기업은 보조금만큼 임금을 인하하려고 시도할 것이다.[*] 보조를 받는 사람과 못 받는 사람 사이에 가처분소득이 역전된다면 형평성에서 문제가 된다. 더열악한 처지의 영세 자영업자를 순부담자로 만들게 되므로 공정성에서도 문제가 된다.

영세 자영업자의 소득을 보장하는 정책도 유사한 문제들이 있다. 자영업자 소득을 정확히 파악하기 힘들어서 역선택, 도덕적 해이, 가처분소득 역전으로 인한 형평성 상실의 가능성이 있다. 그리고비정규직이 복지 수급을 위하여 자영업자로 종사상 지위를 바꾸거나복지제도 때문에 자영업 창업이 많아질 위험이 있다. 자영업이 너무많아지면 과당경쟁으로 자영업자 모두가 어려워지게 된다. 소득보장제도로 인해서 종사상 지위를 바꾸는 부작용이 발생하지 않도록 하려면, 비정규직과 영세 자영업자 중 어느 한쪽이 아니라 양쪽 다 소득보장을 할 필요가 있다.

비정규직과 영세 자영업자 양쪽 다 소득보조를 할 때, 한계소득에 대한 세율이 100%가 되어 노동 유인이 사라지지 않도록 해야한다. 이러한 성질을 가지는 소득보장 제도로서 근로장려세제EITC가 있다. 우리나라의 근로장려세제는 맞벌이의 경우 연간 가구소득3,600만 원 이하이면 신청 자격이 있으며, 근로장려금(근로장려세제에 의해서 보조되는 금액)은 1년에 최대 300만 원이다. 2019년에 근로장려금이 대폭 확대되어 저소득층 근로자에게 적지 않은 도움이될 것으로 예상하지만, 다음과 같은 한계가 있다.

우선, 노동하지 않는 사람들에게 지원하는 기초생활 보장 제도나청년구직활동지원금과 분리되어 있다. 이들을 통합하면 훨씬 더 효

---

[*] 제8장을 참조하라. 스핀햄랜드 제도를 생각해 보면 좋다.

율적으로 제도를 설계할 수 있다. 워킹 푸어만 지원하려고 하니 제도가 복잡해졌고, 그 과정에서 공정성이 손상될 위험이 크다. 구체적으로 맞벌이 가구의 경우 근로장려금은 다음과 같이 계산된다.

〈표 3.10.4〉 맞벌이 부부 근로장려금

총급여액	근로장려금	구간	공정성
800만 원 미만	총급여액 × (300/800)	점증 구간	높을수록 많이 받음
800~1,700만 원 미만	300만 원	평탄 구간	똑같이 받음
1,700~3,600만 원 미만	300만 원 - (총급여액 - 1700) × (300/1900)	점감 구간	낮을수록 많이 받음

자료: 『조세특례제한법』 제100조의 5.

소득이 없는 사람에게 보조하지 않으면서 노동 유인이 생기도록 만들려니까 계산식이 점증 구간, 평탄 구간, 점감 구간으로 달라져서 복잡해졌다. 점증 구간이나 평탄 구간은 공정성에 어긋난다고 보인다. 더욱 문제가 되는 것은 자영업자의 총급여액인데, 시행령에 보면 사업소득에 조정률을 곱하게 되어 있고 소매업의 경우 조정률이 100분의 30이다(『조세특례제한법 시행령』 제100조의 3). 즉 소매업자는 연간 사업소득이 1억2천만 원인 경우 조정률을 곱하면 총급여액이 3,600만 원이 되어 근로장려금을 신청할 수 있으므로, 근로소득자에 비교할 때 아주 불공정하다. (다른 한편, 최저임금 인상에 대한 상당한 보상이 될 수 있을 것이다.)

소득이 없는 사람에게도 보조하면서 비정규직과 불안정노동자를 포함해서 효율적이고 공정하게 만드는 방법의 하나가 마이너스소득세다. 마이너스소득세는 소득이 없으면 정액을 보조하고 소득이 늘어나면 보조금을 조금씩 줄여가므로, 가처분소득 역전 현상도 없고 가난한 사람일수록 많이 받는다. 전 구간이 점감 구간인 제도다.

소득보조는 빈곤 탈출 목적이든 소비 진작 목적이든 매달 지급하는 것이 효과적이다. 그런데 마이너스소득세는 막대한 행정비 때문에 매달 보조금을 지급하는 것이 거의 불가능하다. 그래서 매달 정액을 지급하고 연말에 한번 세금으로 정산할 수밖에 없다. 이렇게 하면 행정비도 절약하면서 도덕적 해이도 막고 시장소득의 불규칙한 변동을 완화할 수 있어서, 소득 안정성도 높일 수 있는 장점이 있다. 먼 길을 돌아서 결국 '기본소득 + 기본소득세'로 귀착되는 것이다. 기본소득은 효과성, 형평성, 공정성, 효율성을 갖추고 역선택과 도덕적 해이를 막으면서 인권을 존중하는 방식으로 불안정노동자의 소득을 보장하는 정책이다.

제11장 공동부 수입의 공정한 분배

우리는 제9장에서 4차 산업혁명의 핵심 발명품인 인공지능이 우리의 공동부共同富라는 것을 살펴보았다.* 인공지능은 많은 사람의 데이터와 인터넷과 인공지능 알고리즘이 결합하여 만들어진다. 그렇다면 인공지능으로부터 수입이 생겼을 때 인공지능의 생산에 공헌한 사람들에게 과연 얼마씩 나누어 주어야 할까? 정의의 원칙에 맞는 분배 방법을 과연 찾을 수 있을까? 이 장에서는 이 문제를 다루어 보려고 한다.

탈무드 문제

탈무드에는 다음과 같은 수수께끼가 들어 있다(Aumann and Maschler, 1985). 옷감 한 필을 놓고 사람 1은 옷감의 1/2이 자기 것이라고 주장하고 사람 2는 옷감 전부가 자기 것이라고 주장하면서 다투고 있다. 옷감을 두 사람에게 어떻게 분배하여야 할까? 많은 사람은 1대 2(= 1/2 대 1), 즉 옷감의 1/3을 사람 1에게 주고, 나머지 2/3를 사람 2에게 주는 것이 공정하다고 대답할 것이다. 그러나 탈무드는 사람 1에게는 옷감의 1/4을 주고, 사람 2에게는 옷감의 3/4을 주라고 판결하고 있다. 그러면서 그렇게 판결하는 이유에 대해서는 아무런 설명이 없다.

이 문제에 대해서는 "다투는 옷감 원칙contested garment principle"이라는 해석이 제시됐다. 이 원칙은 한 사람만 주장하는 부분은 그 사

---

* 이 책에서는 "공유부", "공동부", "공동자산" 등을 같은 뜻으로 사용했다.

람에게 주고, 두 사람이 자기 것이라고 주장하는 부분은 두 사람에게 공평하게 나누어 주자는 원칙이다. 옷감의 1/2은 사람 1과 2가 동시에 자기 것이라고 주장하므로 두 사람에게 1/4씩 나누어 준다. 나머지 옷감의 1/2은 사람 2만 자기 것이라고 주장하므로 사람 2에게 준다. 두 부분을 합치면 사람 1은 옷감의 1/4을 갖게 되고, 사람 2는 옷감의 3/4을 갖게 된다.

조금 다른 원칙으로 설명해 보자. 누구든지 먼저 도착하면 자기 몫을 가져가고 남기도록 한다. 그런데 사람 1이 먼저 도착하는 경우와 사람 2가 먼저 도착하는 경우가 있으므로, 두 경우의 평균을 각자의 몫으로 한다. 이 원칙에 따르면 두 사람의 몫은 다음과 같이 계산한다. 첫 번째 경우. 사람 1이 먼저 옷감 있는 곳에 도착한다. 그는 옷감 1/2을 가져가고 나머지를 남겨 놓는다. 나중에 도착한 사람 2가 나머지 1/2을 가져간다. 두 번째 경우. 사람 2가 먼저 옷감 있는 곳에 도착한다. 그는 옷감의 전부를 가져가고, 나중에 도착한 사람 1은 옷감을 전혀 가져가지 못한다. 두 경우의 평균을 구해 보자. 사람 1의 몫은 $\frac{1}{2}(\frac{1}{2}+0) = \frac{1}{4}$가 되고, 사람 2의 몫은 $\frac{1}{2}(\frac{1}{2}+1) = \frac{3}{4}$가 된다. 앞의 원칙과 분배 결과가 동일하다. 이것이 바로 로이드 섀플리Lloyd Shapley가 제안한 원칙이다. 섀플리는 2012년 노벨 경제학상을 받았다.

시장에서의 분배

협력 게임이론cooperative game theory의 맥락에서 시장에서의 분배가 어떻게 되는지 살펴보자. 인공지능을 생산할 때 1, 2번 경기자는 데이터의 제공자이고 3번 경기자는 플랫폼 기업이라고 가정한다. 그리고 플랫폼 기업만이 인공지능 알고리즘을 데이터에 적용할 수 있다고 가정한다. 인공지능을 생산하는 데에는 한 명의 알고리즘 적용자와

한 명의 데이터 제공자가 필요하고 인공지능의 가치는 1로 놓는다.

생산자들이 만들 수 있는 협력관계를 "연합coalition"이라고 부른다. 공집합을 제외할 때 가능한 연합은 {1}, {2}, {3}, {1,2}, {1,3}, {2,3}, {1,2,3}의 일곱 개가 있다. 연합 내의 사람들이 생산할 수 있는 부의 가치를 "연합의 값어치worth of coalition"라고 정의한다. 연합의 값어치를 v라는 함수로 표시할 때 일곱 개 연합의 값어치는 다음과 같이 된다.*

$$v(1) = v(2) = v(3) = v(1,2) = 0$$
$$v(1,3) = v(2,3) = v(1,2,3) = 1$$

사람들에게 분배되는 몫을 "보수payoff"라고 부른다. 각 사람의 보수를 x_1, x_2, x_3라고 할 때 보수 벡터를 $x = (x_1, x_2, x_3)$라고 표시한다. 모든 사람의 보수를 합친 것을 $x(N)$으로 표시한다. 즉 $x(N) = x_1 + x_2 + x_3$이다. 연합 S 내에서의 사람들의 보수 합은 $x(S)$라고 표현한다. 예를 들어 $S = \{1,3\}$일 때 $x(S) = x_1 + x_3$이다.

전체연합의 값어치 전체를 남김없이 분배하는 것을 "파레토효율(또는 전체합리성)"이라고 부른다. 즉, 파레토효율 조건은 다음과 같다.

$$x(N) = x(1,2,3) = x_1 + x_2 + x_3 = v(N)$$

모든 사람의 보수가 사람들이 단독 연합(혼자일 때)의 값어치보다 큰 경우 "개별합리성individual rationality"을 충족시킨다고 말한다. 개

---

* 엄밀하게는 $v(\{1\}), v(\{1,3\}), v(\{1,2,3\})$등으로 표현해야 하지만, 혼동의 여지가 없으므로 $v(1), v(1,3), v(1\ 2\ 3)$등으로 표현하기로 한다. 보수 x에 대해서도 마찬가지다. 1번과 2번만으로는 인공지능을 못 만들기 때문에 $v(1,2) = 0$이다.

별합리성의 조건은 다음과 같다.

$$x_1 \geq v(1)$$
$$x_2 \geq v(2)$$
$$x_3 \geq v(3)$$

구성원이 두 명 이상인 모든 연합에 대해서 연합 내 사람들의 보수 합이 연합의 값어치보다 크거나 같은 경우 "연합합리성coalition rationality"을 충족시킨다고 말한다. 연합합리성은 다음과 같은 식으로 표현되는데, 전체연합에서 받는 보수의 합이 부분연합에서 받을 수 있는 보수의 합보다 크거나 같다는 것을 의미한다.

$$x(1,2) = x_1 + x_2 \geq v(1,2)$$
$$x(1,3) = x_1 + x_3 \geq v(1,3)$$
$$x(2,3) = x_2 + x_3 \geq v(2,3)$$

파레토효율이고 개별합리성과 연합합리성을 충족시키는 보수 분배를 "코어core"라고 정의한다. 코어는 개별합리성, 연합합리성, 전체합리성을 만족하므로 다른 어떤 배분에 의해서도 깨지지 않는다. 즉, 어떤 경기자들도 전체연합에서 탈퇴해서 새로운 연합을 만들더라도 새로운 연합 구성원들 모두의 보수를 증가시킬 수 없다.

위의 상태에서 코어는 전체합리성과 개별합리성을 충족하는 보수 분배다. 즉, 코어는 다음과 같은 조건들을 충족한다.

$$x_1 \geq 0, \ x_2 \geq 0, \ x_3 \geq 0$$
$$x_1 + x_2 \geq 0$$
$$x_1 + x_3 \geq 1$$
$$x_2 + x_3 \geq 1$$
$$x_1 + x_2 + x_3 = 1$$

위의 식들을 모두 만족시키는 유일한 값은 $x_1 = 0$, $x_2 = 0$, $x_3 = 1$ 이다. 대연합이 만들어낼 수 있는 값어치는 1인데, 경기자 3(플랫폼 기업)이 모든 가치를 다 갖고 데이터를 제공하는 1번 경기자나 2번 경기자는 한 푼도 못 갖는다.

샤플리는 경쟁 시장에서 시장균형이 코어 안에 존재한다는 것을 증명했다(Scarf, 1962). 이 정리를 이용하면 위의 게임에서 시장균형은 하나뿐인 코어와 일치해야 한다. 즉, $x_1 = 0$, $x_2 = 0$, $x_3 = 1$은 코어이면 서 유일한 시장균형이다.

시장균형 (0, 0, 1)에서 데이터를 제공하는 두 경기자는 아무것도 분배받지 못한다. 너무나 불평등해 보이지만 어쩔 수 없다. 시장균형 이 왜 이렇게 되는지는 다음과 같은 협상의 과정을 생각해 보면 이 해할 수 있다. 일단 1번과 3번이 연합해서 1의 가치를 만들고 이것을 1/2, 1/2씩 나누어 가지기로 합의했다고 가정해 보자. 이 합의는 소외 된 2번이 3번에게 몫의 2/3를 줄 터이니 1번 대신 자기하고 연합하자 고 제안하면 깨질 수밖에 없다. 그러나 이 연합도 다시 깨질 수 있다. 1번이 몫의 3/4을 주겠다고 3번에게 다시 제안할 수 있다. 이런 과정 이 반복되면 결국 3번은 가치의 거의 전부를 차지하게 된다. 시장에 서는 데이터 제공자에게는 아무런 가치도 분배되지 않고 인공지능의 가치 전부를 플랫폼 기업이 독차지한다.

샤플리 가치

샤플리 가치는 인공지능의 가치 1을 공정하게 분배하는 방법의 하나다. 샤플리 가치는 여러 사람이 연합해서 가치를 만들어 낼 때 기회균등이라는 조건 밑에서 효율적이고 공정한 분배 몫을 계산하는 방법이다.*

섀플리 가치는 다음과 같이 계산된다. 위의 인공지능 게임에서 세 사람이 임의의 순서로 전체연합을 형성한다고 할 때 존재할 수 있는 모든 순서는 (1, 2, 3), (1, 3, 2), (2, 1, 3), (2, 3, 1), (3, 1, 2), (3, 2, 1)의 여섯 가지가 된다. 모든 순서가 동일한 확률로 발생한다는 가정 하에 순서별로 사람들의 기여분을 구하고, 모든 순서에 대하여 기여분의 평균을 구하는 것이 섀플리 가치다(Shapley, 1953).

인공지능의 생산에 대한 세 사람의 기여분을 각각 m_1, m_2, m_3라고 표현하자. 순서가 (1, 2, 3)일 때에는 $v(1) = 0, \ v(1,2) = 0, \ v(1,2,3) = 1$이 된다. 1번과 2번의 데이터만으로는 인공지능을 생산하지 못하고 3번의 알고리즘이 적용될 때 비로소 부가 만들어지기 때문이다. 여섯 가지 모든 순서에 대하여 기여분을 계산하면 다음의 표를 얻을 수 있다. 각 경기자의 기여분을 평균하면 섀플리 가치 (1/6, 1/6, 4/6)를 얻

〈표 3.11.1〉 인공지능 생산의 섀플리 가치

순서	m_1	m_2	m_3
1,2,3	0	0	1
1,3,2	0	0	1
2,1,3	0	0	1
2,3,1	0	0	1
3,1,2	1	0	0
3,2,1	0	1	0
합	1	1	4
평균(섀플리 가치)	1/6	1/6	4/6

---

* 섀플리는 섀플리 가치를 네 가지 바람직한 공리로부터 연역적으로 도출했는데, 이 공리들을 조금 변형하면 다음과 같이 해석할 수 있다. 1) 기회균등: 경기자들이 연합을 형성하는 모든 순서를 고려한다. 2) 효율성: 전체연합의 가치를 남김없이 분배한다. 3) 기여 공정성: 똑같이 기여하는 경기자에게는 똑같이 분배하고, 더 많이 기여하는 사람에게는 더 많이 분배하며, 전혀 기여하지 않는 경기자에게는 분배하지 않는다. 이러한 공리에 입각해서 도출된 섀플리 가치는 경기자들이 전체연합을 만들 때 연합에 참여하는 모든 순서를 고려해서 경기자들의 기여분을 평균한 것과 일치한다.

을 수 있다.

시장균형 (0, 0, 1)과 비교할 때 섀플리 가치 (1/6, 1/6, 4/6)는 데이터를 제공하는 두 사람에게 0이 아니라 1/6씩의 가치를 부여한다. 시장경제에서 플랫폼 기업은 인공지능의 가치 전체를 차지하는데, 4/6는 자신이 알고리즘을 적용한 것의 가치이고 나머지(2/6)는 다른 경기자들이 데이터를 제공한 것의 가치다.

데이터를 제공하는 사람이 무한대로 늘어나면 데이터를 제공하는 사람들의 섀플리 가치의 합은 인공지능 가치의 1/2에 수렴한다 (강남훈, 2016). 따라서 미래의 경제에서 부의 대부분이 연합 지성의 산물인 인공지능을 활용해서 생산된다면, 사람들에게는 전체 소득의 약 1/2을 기본소득으로 나누어 가질 권리가 있다고 말할 수 있다. 섀플리 가치 개념을 활용하여 우리는 허버트 사이먼이 말한 90%에는 못 미치지만 적어도 인공지능 가치의 50%는 우리의 몫이라는 것을 확인할 수 있다.

섀플리 가치는 공정하지만, 시장을 통해서는 도달 불가능하다. 시장균형은 불공평한 코어 안에 있기 때문이다. 섀플리 가치대로 분배하려면 정부의 개입이 있어야 한다. 그 방법의 하나가 기본소득이다. 인공지능의 수입에 50%의 세금을 물려서 모든 사람이 균등하게 나누어 가지면 섀플리 가치에 따라 공정한 분배가 이루어진다.

토지의 섀플리 가치

공유부共有富의 가장 오래된 원천은 토지다. 기본소득은 토지를 공유부로 보는 사상에서 생겨났다고 해도 과언이 아니다. 미국에서 기본소득 사상을 최초로 전파한 사람은 건국의 아버지Founding Fathers 중의 한 명으로 불리는 토머스 페인Thomas Paine으로서, 『농업의 정의』

에서 토지 지대를 기본소득으로 분배하자고 주장했다(Paine, 1796). 백 년이 안 된 1862년, 링컨 대통령은 남북전쟁이 일어나자마자 『홈스테드법』에 서명하여 토지를 무상으로 균등하게 분배했다.* 다시 백 년 뒤 헨리 조지Henry George로부터 영감을 받은 마틴 루터 킹은 기본소득 운동을 크게 일으켜 미국 사회를 흔들었다(제7장).

토지 소유자는 생산에 아무런 기여도 하지 않고 단지 소유하고 있다는 것만으로 토지에서 생기는 부가가치를 독점하므로, 그의 수익 전체가 지대다. 토지에서부터 생기는 지대를 공정하게 분배하기 위하여 섀플리 가치를 계산할 수 있을까?

다음과 같은 두 단계의 게임을 생각해 보면 된다. 첫 번째 단계에서 세 명의 경기자가 임의의 순서로 토지에 접근한다. 이 중에 제일 먼저 도착한 사람이 토지 소유자가 된다. 토지를 소유한 사람에게는 위의 게임에서 인공지능 알고리즘이 무상으로 주어진다고 생각하는 것이 쉬울 것이다. 토지 소유자가 결정된 뒤 두 번째 단계에서 위의 인공지능 게임을 플레이한다. 섀플리 가치는 기회균등의 원칙 아래서 계산되어야 하므로, 세 명이 토지 소유자가 될 확률은 1/3로 똑같이 만든다.** 현실의 시장에서 먼저 도착한 사람만 토지를 소유하여 토지로부터 나오는 모든 수익을 독차지하고 상속까지 하지만, 섀플리 가치는 누구에게나 먼저 도착하는 기회를 부여한다. 토지 소유자가 되면 위의 인공지능 게임을 플레이해서 섀플리 가치에 따라 4/6

---

* "홈스테드Homestead"는 무상으로 불하받은 국유지를 의미한다. 연방정부(북군)를 향해 총을 들지 않은 21세 이상의 성인 또는 가구주(여성과 해방된 흑인 포함)가 신청하면, 가구당 160 에이커(약 20만 평)의 땅을 무상으로 분배했다. 전체적으로 미국 전체 국토의 10%(남한 면적의 10배)가 홈스테드로 분배됐다. 미국도 토지를 균등하게 분배하여 번영을 이룩한 나라다.
** 세 명이 도착하는 순서는 (1, 2, 3), (1, 3, 2), (2, 1, 3), (2, 3, 1), (3, 1, 2), (3, 2, 1)의 여섯 가지가 있다. 제일 먼저 도착하는 사람이 토지 소유자가 되는데, 경기자 1이 먼저 도착하는 경우는 모두 두 가지가 있다. 따라서 그 확률은 2/6. 나머지 경기자에 대해서도 마찬가지다.

의 가치를 분배받고, 그렇지 못하면 1/6의 가치를 분배받는다. 세 명의 경기자가 토지 소유자가 될 확률은 똑같이 1/3이고, 그렇지 못할 확률은 2/3다. 두 단계를 종합하면, 세 사람의 섀플리 가치는 똑같이 $\frac{1}{3} \cdot \frac{4}{6} + \frac{2}{3} \cdot \frac{1}{6} = \frac{1}{3}$이 된다. 즉, 토지와 같이 순수한 지대라면 지대 전체를 균등하게 분배하는 것이 섀플리 가치에 따른 공정한 분배다.

basic income

basic income

basic income

basic income

basic income

basic income

기본소득

basic income

basic income

basic income

basic income

제4부 기본소득의 재정 모델

제12장 재원

세 가지 재원

기본소득이 불안정노동자의 소득보장 정책으로서 아무리 효율적이고 공정하다고 할지라도 재원을 마련할 수 없으면 실현 불가능하다. 기본소득의 재원은 조세, 공동자산 배당, 화폐제도 개혁 등 세 가지로 나눌 수 있다. 공동자산 배당에 대해서는 권정임 등의 연구가 있고(권정임, 강남훈, 2018), 화폐제도 개혁에 대해서는 안현효의 연구가 있다(안현효, 2018). 이 책에서는 조세에 대해서만 다룬다.

기본소득을 위한 과세 근거는 모든 소득은 다른 사람의 지식을 활용한 대가이므로 소득 일부를 나누어야 한다는 허버트 사이먼의 원칙에서 찾을 수 있다. 공동자산은 공동의 소유이므로 그 수익을 기본소득으로 나눔이 마땅하다. 화폐제도 개혁은 사람들이 합의해서 만드는 것이다. 이상을 종합하면, 기본소득 재원은 함께 만든 것을 함께 나누면 된다. 가이사의 것은 가이사에게 바치고 하나님의 것은 하나님께 바치면 된다.

미국 민주당에 부는 조세개혁 바람

2019년 초 미국 민주당에서 최연소 하원의원이 탄생했다. 알렉산드리아 오카시오-코르테스Alexandria Ocasio-Cortez(이하 "AOC")는 뉴욕의 브롱스Bronx 지역구 출신 29세 여성 의원으로서 민주사회주의를 표방하고 있다. AOC가 주목을 받은 것은 공화당 쪽에서 공격하기 위하여 퍼뜨린 대학교 때 춤추던 동영상 때문이 아니라, 연 소득 1천만

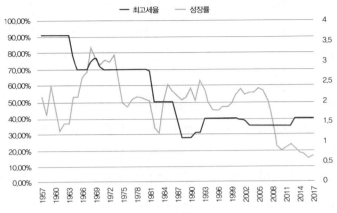

〈그림 4.12.1〉 최고세율과 경제성장률

자료: Krugman(2019)

달러 이상의 소득에 최고세율을 70%를 적용하겠다는 정책 때문이다. AOC는 "슈퍼 리치super rich"의 존재를 허용하는 사회는 부도덕한 사회라고 발언했다. 보수 세력으로부터 공격이 집중되자 폴 크루그먼 등 당대 최고의 경제학자들이 도움을 자청했다. 〈그림 4.12.1〉에는 소득세 최고세율(왼쪽 축)과 경제성장률(오른쪽 축)이 나와 있다. 크루그먼은 최고세율이 70%를 넘었을 때 경제성장률이 낮지 않았다고 주장했다(Krugman, 2019).

　　AOC에 자극을 받은 민주당 대선 후보들이 조세개혁 공약을 제시하기 시작했다. 트럼프가 DNA 테스트를 하면 백만 달러를 주겠다고 공격하는 바람에 DNA 테스트를 통해서 인디언의 8대 후손임을 확인한 엘리자베쓰 워렌Elizabeth Warren 상원의원은 5천만 달러 이상의 자산에 대해서는 2%, 10억 달러 이상의 자산에 대해서는 3%의 조세를 부과하는 자산세를 공약했다. 대상자는 75,000명이고 징수액은 1년에 2,750억 달러로, AOC가 말한 징수액의 네 배나 된다. 세금을 회피하려고 미국 국적을 포기하는 사람에 대해서는 재산의

40%를 압류한다. 프랑스에서 토마 피케티Thomas Piketty가 즉각 지지 의사를 표명했다. 미국 헌법에 직접세는 비례적이어야 한다는 조항("Representatives and direct Taxes shall be apportioned", Article I, Section 2, 3)이 있는데, 직접세가 무엇이냐, 비례적이라는 것이 무슨 뜻이냐를 두고 논쟁이 벌어지고 있다.

버니 샌더스Bernie Sanders 상원의원은 더 큰 금액의 상속세 법안을 발의했다. 법안의 이름은 "99.8%를 위한 법 For the 99.8% Act"이다. 350만 달러 이상의 상속을 받는 0.2%의 사람들에게 최고 77%까지의 세율(10억 달러 이상)로 과세해서 2.2조 달러를 징수한다는 법안이다(https://www.sanders.senate.gov/download/estate-tax-one-pager?inline=file). 77%의 최고 상속세율은 미국에서 1941년부터 1976년까지 있었던 세율이다. 샌더스는 AOC와 워렌의 법안도 지지하고 있다. 이 법안에 대해서는 토마 피케티, 로버트 라이시Robert Reich 같은 경제학자들이 지지를 표명했다.

AOC의 소득세 인상은 녹색뉴딜Green New Deal을 위한 것이다. 10년 이내로 미국 전체를 신재생에너지 100%로 전환하자는 것이다. AOC의 녹색뉴딜에 대해서는 미국 유권자의 81%가 지지하고 있고, 특히 공화당 지지자의 64%가 지지하고 있다.* AOC가 제출한 "녹색뉴딜 계획"에는 녹색뉴딜을 통해서 빈곤을 없애고 모든 사람에게 경제적 안정을 제공한다는 내용이 포함되어 있다. 1번 항에는 직업 보장이 들어 있고, 7번 항에는 기본소득과 보편건강보험이 들어 있다.**

민주당 대선 후보 중 기본소득을 명확하게 공약한 사람은 앤드

---

* Whalen, Andrew, "How FDR's New Deal Could Fuel AOC's Green New Deal by 2027", Newsweek 2019. 1. 23.
** DRAFT TEXT FOR PROPOSED ADDENDUM TO HOUSE RULES FOR 116TH CONGRESS OF THE UNITED STATES. https://ocasio2018.com/green-new-deal(검색일: 2019년 1월 31일).

류 양Andrew Yang이다. 기본소득의 이름은 "자유배당Freedom Dividend"이다. 18세 이상의 성인에게 매달 1,000달러씩 1년에 12,000달러의 기본소득이 지급된다. 필요한 예산은 1.3조 달러다. 참고로 미국 연방정부 예산은 4조 달러이고, 미국 전체 GDP는 19조 달러다. 재원은 10%의 부가가치세를 통해서 마련한다. 1년 소비액이 12만 달러 이하인 사람은 순수혜자가 된다(Yang, 2018, pp. 169~177).

부가가치세로 물가 인상을 우려할 필요는 없다. 부가가치세는 그만큼 세금을 더 내게 만드는 것이지 물건 값 자체를 올리는 것은 아니다. 미국에서는 소비세를 물건 값과 분명하게 구분해서 따로 받는 관행이 있어서 사람들이 잘 구분한다. 표준적인 미시경제학 교과서에 따르면, 부가가치세 전가 과정으로 인해서 물건 값은 일부 내릴 가능성이 크다. 표준적인 거시경제학 교과서에 따르면, 통화량을 늘리는 정책이 아니므로 물가 인상은 일어나기 힘들다. 지금은 4조 달러의 양적 완화를 시행해도 인플레이션이 일어나지 않는 시기다. 독점기업이 독점력을 행사해서 물건 값을 고의로 올리거나 노동조합이 부가가치세를 구실로 임금 인상을 요구하면 인플레이션이 촉발될 가능성이 있지만, 노동조합은 기본소득을 받으니까 임금 인상을 요구할 명분이 없고 독점기업은 규제 대상이다.

기본소득 과세 원칙

기본소득의 재원을 마련하는 데는 너무나도 많은 방법이 있다. 방법마다 장단점이 있을 것이다. 그러나 이 책에서는 여러 가지 이유로 다음과 같은 원칙에 맞추어 소득세, 토지세, 환경세, 세 가지 조세만 다루려고 한다.

① 누구나 내는 돈과 받는 돈을 쉽게 계산할 수 있도록 한다.

그러기 위해서는 내는 돈과 받는 돈이 명확하게 연결되는 목적세 형태로 부과한다. 심지어 기본소득의 이름도 재원에 맞추어 다르게 부를 수 있다. 예를 들어 환경세로 마련된 재원은 환경배당, 토지세로 마련된 기본소득은 토지배당이라는 이름으로 부를 수 있다.

목적세는 "재정 효율성 원칙"에 어긋난다는 주장이 있다. "재정 효율성 원칙"이란 모든 지출을 한 줄로 세워 놓고 가장 필요한 것부터 먼저 선정해 가야 한다는 원칙이다. 이것은 지출 결정 주체가 단일하고 지출 결정 과정이 오로지 경제적인 계산에 의해서만 결정된다는 것을 전제로 한 주장이다. 그러나 이 전제는 완전하게 틀렸다. 지출 결정 주체는 너무 많고(대통령, 국회의원, 기획재정부, 도지사 등), 결정 원칙도 대통령 공약, 지방 균형 발전, 경제 활성화 등 너무 다양하다. 특히 여당과 야당이 바뀔 때마다 지출 우선순위가 180도 달라진다. 정치적 결정으로 결정되는 지출 순서는 종종 소수의 강한 이해집단의 이익만을 반영한다. 기본소득처럼 사람들의 기초 생활에 관계되는 지출은 정치인들이 개입하여 마음대로 쓰지 못하도록 해야 한다. 소수의 탐욕을 막기 위하여 다수의 탐욕을 일깨워야 한다는 제이 해먼드의 말을 되새겨볼 필요가 있다.

② 모든 사람이 빠짐없이 비례적으로 부담하게 한다.

필자는 누진세에 반대하지 않는다. 그리고 누진세 모델에 기초해서 기본소득 재정 모형을 만든 것도 많다(곽노완 외, 2014; 전강수 외, 2018). 그러나 일반적인 재정을 위해서는 기존의 누진세 체계를 강화해서 증세하는 것이 필수적이지만, 기본소득에 대해서만은 비례세로 과세하는 것도 좋다고 판단하고 있다. 두 가지 이유 때문이다.

하나는 재정환상 때문이다. 사람들이 받는 돈과 내는 돈을 암산할 수 있어야 재정환상에 빠지지 않는다. 예를 들어 앤드류 양의 기본소득 재정 모형을 생각해 보자. 우리 가족 받는 돈은 얼마지? 우리 식구가 4명이니까 한 달에 1,000달러이면 1년에 48,000달러다. 우리 가족 낼 돈은? 가족 소득이 10만 달러인데, 매년 1만 달러를 모기지(주택 대출 원리금)로 내고 있으므로 소비액은 9만 달러다. 여기에 10% 기본소득세를 내면 9,000달러다. 종합하면, 우리 가족은 기본소득 제도가 도입되면 39,000달러 이득을 보게 된다. 이렇게 암산할 수 있게 만들어야 한다.

다른 하나는 정치적 가능성을 높이기 위해서다. 가난한 사람도 예외 없이 동일한 세율로 납부하도록 하면 "세금 폭탄"이라는 프레임을 씌우기 힘들다. 공평하다고 생각되면 1억 원도 더 내지만 불공평하다고 생각되면 1만 원도 더 내지 못하는 것이 사람의 마음이다. 소수의 사람에게 가혹하게 과세하는 정책은 1인 1표 민주주의 아래에서도 생각보다 도입하기 힘들다.

이런 원칙을 가지고 이 책에서는 기본소득의 재원으로 가계귀속소득에 대한 **시민소득세**(시민배당), **국토보유세**(토지배당), **환경세**(환경배당) 세 가지만 선택하려고 한다. 이 글을 쓰는 시점에서 통계가 이용 가능한 연도가 2017년이므로, 2017년도를 기준으로 얼마나 조세를 걸을 수 있는지 살펴보려고 한다.

시민소득세

시민소득세는 가계귀속소득에 대하여 단일한 비율로 과세되는 조세다. 여기서 "가계귀속소득"이란 가계에 귀속되는 모든 소득을 의미한다. 즉, 근로소득, 사업소득 이외에 이자, 배당, 임료, 증권투자 수익, 부동산 매매 차익, 상속, 양도 등 모든 소득을 세원으로 한다.

가계귀속소득은 가계본원소득과 가계자산소득의 합으로 정의한다.

가계본원소득은 "국민소득NI 가운데 가계에 지급되지 않은 부분인 법인소득과 정부가 받은 이자, 임료 등을 차감한 금액"이다(한국은행, 2015년, 219쪽). 여기서는 가계본원소득으로 국민계정에 있는 총본원소득잔액을 선택한다. 2017년 경우 명목 GDP 1,730조 원 가운데 가계 및 비영리단체의 총본원소득잔액은 1,061조 원이다. (http://kosis.kr/. 검색일: 2019년 1월 31일.) 여기에 10%의 세율을 적용하면 106조 원이 된다.

가계자산소득은 가계에 귀속되는 소득 중 국민계정에서 추계하지 않고 있는 소득이다. 주식, 현물 및 파생상품, 채권 등 모든 증권의 양도소득과 집합투자펀드 투자 소득, 부동산 양도소득과 상속, 증여소득 등 가계에 귀속되는 모든 투자, 양도, 증여, 상속 소득을 포함한다. 가계자산소득에 대해서 면세 구간(소득공제) 없이 10%의 시민소득세를 부과하도록 한다. 예를 들어 1가구 1주택 양도소득세는 면제되더라도 시민소득세 10%는 납부하도록 한다. 10억 이하의 상속에 대해서도 마찬가지로 면세 없이 10%를 부과한다. 유승희 의원실에 따르면, 2017년 귀속 양도소득과 금융소득 자료를 분석한 결과, 부동산 양도 차익 84.8조원, 배당소득 19.6조원, 주식양도소득 17.4조원, 이자소득 13.8조원으로 불로소득 합계 136조원이었다. (「2017년 불로소득 136조 '사상 최대'…"상위 10%가 불로소득 90% 독식"」,『중앙일보』2019년 2월 15일.) 이 자료는 1가구 1주택 부동산 양도소득 면제 등 각종 면세소득을 제외한 것이다. 여기에 10%를 과세하면 약 14조원의 재원을 마련할 수 있다. 이상 두 가지를 합하면, 가계귀속소득에 10%의 세율을 부과하는 것으로 시민배당에 필요한 재원 120조원을 충분히 조달할 수 있다.

그런데 근로소득이나 사업소득 등의 종합소득에 대하여 과세할

<표 4.12.1> 소득공제와 세액공제의 감면 효과 (단위: 만 원)

소득 분위	1인당 근로소득	1인당 과세표준	1인당 결정 세액 (1)	소득공제와 세액공제 없을 때 조세 (2)	세액공제 없을 때 조세 (3)	소득공제와 세액공제로 인한 조세 감면 (4=2-1)	세액공제로 인한 조세 감면 (5=3-1)	소득공제로 인한 조세 감면 (6=2-3)
0.1%	65,500.7	60,657.1	19,796.9	22,950.3	21,109.7	3,153.4	1,312.8	1,840.6
0.5%	18,372.0	15,163.3	3,526.6	5,041.4	3,822.0	1,514.8	295.4	1,219.3
1.0%	14,190.0	11,003.8	2,128.2	3,476.5	2,361.3	1,348.3	233.1	1,115.2
10.0%	7,008.2	4,289.8	369.2	1,160.0	535.5	790.7	166.3	624.5
20.0%	5,000.0	2,636.4	150.6	678.0	287.5	527.4	136.9	390.5
30.0%	3,775.2	1,785.5	57.7	458.3	159.8	400.6	102.1	298.5
38.5%	3,037.96	1,355.7	24.2	347.7	95.4	323.5	71.1	252.3
38.6%	3,030.46	1,354.6	24.2	346.6	95.2	322.3	71.0	251.3
40.0%	2,931.2	1,295.7	21.3	331.7	86.4	310.3	65.0	245.3
50.0%	2,299.0	919.6	9.2	236.8	55.2	227.6	45.9	181.7
60.0%	1,806.3	602.9	4.0	162.9	36.2	158.9	32.1	126.8
68.2%	1,456.7	409.0	0.6	110.5	24.5	109.9	24.0	86.0
68.3%	1,451.5	400.9	0.6	109.7	24.1	109.1	23.5	85.7
70.0%	1,404.2	396.9	0.0	102.6	23.8	102.6	23.8	78.8
80.0%	960.5	198.5	0.0	57.6	11.9	57.6	11.9	45.7
90.0%	462.7	0.0	0.0	27.8	0.0	27.8	0.0	27.8
100.0%	0.0	0.0	0.0	0.0	0.0	0.0	0.0	0.0
합계	562.5조	299.6조	28.3조	84.1조	40.5조	55.8조	12.2조	43.6조

자료: 강남훈(2019)

때 소득공제와 세액공제를 해 주고 있다. <표 4.12.1>은 제1장에서 사용한 2015년 근로소득 천분위 자료를 활용하여 근로소득세 공제로 인한 세액 감면을 추정한 것이다. 상위 0.1%의 근로자의 감면액은 3,153.4만 원으로, 상위 90% 근로자의 세금 감면액은 27.8만 원의 100배가 넘는다. 근로소득세 감면 제도를 없애면 55.8조 원의 세금을 더 걷을 수 있다. 종합소득세 감면까지 고려하면 소득세 감면 제도를 없앰으로써 60조 원 이상의 세금을 확실하게 더 걷을 수 있다. 이것까지 기본소득 재원으로 사용하면 가계귀속소득으로부터 생기는 재원은 180조 원이 되고, 시민배당 30만 원을 할 수 있는 규모다.

환경세

환경세와 환경배당은 미국에서 좌우를 통틀어서 가장 합의가 높은 정책이다. 특히 지구온난화가 심각해지면서 환경세로 걷은 조세 수입을 환경배당으로 분배하는 정책(cap and divide, 탄소배출 상한을 정하고 수입을 분배하는 정책)에 대한 합의가 점점 높아지고 있다.

2014년 민주당의 하원의원 크리스 반 홀렌Chris van Hollen은 「건강한 기후와 가족 안정법 2014」를 발의한 적이 있다. 탄소세를 부과해서 조세 수입을 기본소득으로 나누는 법안인데, 4인 가족의 경우 1년에 640달러의 배당을 받고 380달러의 연료비를 추가로 지출하게 되어 260달러의 순편익이 생긴다고 계산했다.

2017년 2월 공화당을 지지하는 경제학자들이 함께 모여서 "탄소배당Carbon Dividends" 도입을 지지하는 문서를 발표했다(Baker et. al, 2017). 이들은 민주당을 지지하는 경제학자들까지 함께 서명을 받아서 언론에 탄소배당을 촉구하는 성명을 연달아 발표하고 있다. 성명서에는 모두 27명의 노벨상 수상자, 네 명의 연방준비위원회 위원장, 15명의 전임 경제자문회의 의장, 두 명의 전임 재무부 장관이 서명했다. 1968년 폴 새뮤얼슨이 주축이 되어 기본소득을 촉구하는 경제학자들의 성명서를 발표한 지 49년 만의 일이다. 성명서의 내용은 다음과 같다.

경제학자들의 탄소배당에 관한 성명

지구 기후변화는 즉각적인 국가 행동을 요구하는 심각한 문제다. 건전한 경제 원칙에 따라 우리는 다음과 같은 정책 권고안에 동참한다.

I. 탄소세는 필요한 규모와 속도로 탄소 배출량을 줄이기 위한 가장 비용효율적인 수단이다. 잘 알려진 시장 실패를 시정함으로써, 탄소세는 저탄소 미래를 향해 경제행위자를 조종하기 위해 시장의 보이지 않는 손을 이용하는 강력한 가격 신호를 보낼 것이다.

II. 탄소세는 배출 감축 목표가 충족될 때까지 매년 증액해야 하며, 정부는 규모에 대한 논란을 피하기 위해 수입에 중립적이어야 한다. 탄소 가격이 지속적으로 상승하면 기술혁신과 대규모 기반 시설 개발이 촉진될 것이다. 또한 탄소 효율적인 제품 및 서비스의 확산을 가속화할 것이다.

III. 충분히 견고하고 점진적으로 증가하는 탄소세는 덜 효율적인 다양한 탄소 규제에 대한 필요성을 대체할 것이다. 성가신 규제를 가격 신호로 대체함으로써 경제성장을 촉진하고 기업이 청정 에너지 대안에 장기 투자를 하기 위해서 필요한 규제 확신을 제공할 것이다.

IV. 탄소 누출을 방지하고 미국의 경쟁력을 보호하기 위해 국경 탄소 조정 시스템을 구축해야 한다. 이 시스템은 글로벌 경쟁사보다 더 에너지 효율적 미국 기업의 경쟁력을 향상시킨다. 또한 다른 국가들도 비슷한 탄소 가격 정책을 채택할 수 있는 인센티브를 창출할 것이다.

V. 상승하는 탄소세의 공정성과 정치적 존속 가능성을 극대화하기 위해 모든 수입은 동일한 금액으로 모든 미국 시민에게 직접 되돌려주어야 한다. 가장 취약한 사람들을 포함한 대부분의 미국 가정은 에너지 가격 상승으로 지급하는 것보다 "탄소배당"을 더 많이 받음으로써 재정적으로 이익을 얻을 것이다. (https://www.

clcouncil.org/economists-statement/. 검색일: 2019년 1월 31일.)*

미세먼지에 시달리는 우리나라도 조만간 도입할 수 있을지 모른다. 환경배당을 위한 환경세는 미세먼지 배출 원인 화석연료의 사용에 부과하는 '미세먼지세'와 원자력발전 폐기물 처리 비용을 위한 '방사능 폐기물 보관세'로 구분해서 부르면 좋을 것이다. 환경세는 부가가치세 방식으로 부과할 수도 있고 오염 원천에 부과할 수도 있는데, 부가가치세 방식으로 부과하는 것이 앞으로 환경세를 확대하는 데 일관성 있고, 과학적이며, 무엇보다도 수출 시 부가가치세를 환급해 주는 제도로 인해서 수출 기업에 지장을 초래하지 않고 일상생활에서 시민들의 환경 인식을 높이는 효과가 있을 것이다. 이 책에서는 환경세 세율을 정하는 작업은 하지 않고, 연간 30조 원을 걷는 것을 목표로 한다. 구체적인 세율을 정하는 작업은 제품별로 화석연료와 원

---

* 이 성명의 초기 서명자ORIGINAL CO-SIGNATORIES 명단은 다음과 같다. George Akerlof(Nobel Laureate Economist), Robert Aumann(Nobel Laureate Economist), Martin Baily(Former Chair of CEA), Ben Bernanke(Former Chair of Federal Reserve, Former Chair of CEA), Michael Boskin(Former Chair of CEA), Angus Deaton(Nobel Laureate Economist), Peter Diamond(Nobel Laureate Economist), Robert Engle(Nobel Laureate Economist), Eugene Fama(Nobel Laureate Economist), Martin Feldstein(Former Chair of CEA), Jason Furman(Former Chair of CEA), Austan Goolsbee(Former Chair of CEA), Alan Greenspan(Former Chair of Federal Reserve, Former Chair of CEA), Lars Peter Hansen(Nobel Laureate Economist), Oliver Hart(Nobel Laureate Economist), Bengt Holmström(Nobel Laureate Economist), Glenn Hubbard(Former Chair of CEA), Daniel Kahneman(Nobel Laureate Economist), Alan Krueger(Former Chair of CEA), Finn Kydland(Nobel Laureate Economist), Edward Lazear(Former Chair of CEA), Robert Lucas(Nobel Laureate Economist), N. Gregory Mankiw(Former Chair of CEA), Eric Maskin(Nobel Laureate Economist), Daniel McFadden(Nobel Laureate Economist), Robert Merton(Nobel Laureate Economist), Roger Myerson(Nobel Laureate Economist), Edmund Phelps(Nobel Laureate Economist), Christina Romer(Former Chair of CEA), Harvey Rosen(Former Chair of CEA), Alvin Roth(Nobel Laureate Economist), Thomas Sargent(Nobel Laureate Economist), Myron Scholes(Nobel Laureate Economist), Amartya Sen(Nobel Laureate Economist), William Sharpe(Nobel Laureate Economist), Robert Shiller(Nobel Laureate Economist), George Shultz(Former Treasury Secretary), Christopher Sims(Nobel Laureate Economist), Robert Solow(Nobel Laureate Economist), Michael Spence(Nobel Laureate Economist), Lawrence Summers(Former Treasury Secretary), Richard Thaler(Nobel Laureate Economist), Laura Tyson(Former Chair of CEA), Paul Volcker(Former Chair of Federal Reserve), Janet Yellen(Former Chair of Federal Reserve, Former Chair of CEA).

자력 에너지 사용량을 추정할 필요가 있으므로, 이 책의 범위를 넘어선다. 30조 원은 2017년 GDP의 약 1.7%에 달한다. 2017년에 교통에너지환경세가 약 15.6조 원(GDP의 약 0.9%) 부과됐는데, 여기에 환경배당을 위한 환경세 30조 원이 추가되면 환경 관련세는 GDP의 약 2.6%가 될 것이다.

토지세

우리나라는 부동산, 특히 토지에서 막대한 소득이 발생하고 있다. 〈표 4.12.2〉은 부동산소득을 추산한 것이다. 여기서 "실현 자본이득"은 부동산을 실제로 매각해서 얻은 양도소득을 의미한다. 매년 GDP의 30%가 넘는 부동산 불로소득이 발생하고 있는 것을 알 수 있다. 2016년 한 해에 505.7조 원의 부동산소득이 발생했다. 앞의 유승희 의원실의 분석과의 차이는 1가구 1주택 양도소득까지 포함된 금액이다.

〈표 4.12.2〉 부동산소득(실현 자본이득 + 임대 소득) 추산 (단위: 조 원)

연도	2007	2008	2009	2010	2011	2012	2013	2014	2015	2016
실현 자본이득	275.5	291.9	297.5	299.1	300.3	285.0	263.9	240.3	227.0	235.3
임대 소득	167.9	178.6	189.0	201.9	214.6	221.9	230.4	242.4	255.1	270.3
합계	443.4	470.5	486.4	501.1	514.9	507.0	494.3	482.7	482.1	505.7
합계/GDP	42.5	42.6	42.2	39.6	38.6	36.8	34.6	32.5	30.8	30.9

자료: 전강수, 남기업, 강남훈, 이진수(2018). 2016년은 남기업 새로 추가

이 책에서는 토지배당을 위한 토지세를 다음과 같이 과세하는 것으로 한다.

① 기존의 부동산 세제를 그대로 둔 채, 추가로 과세한다.

② 전국의 모든 토지를 용도 구분 없이 인별 합산한다.

③ 공시지가를 과세표준으로 한다.

④ 비과세 감면은 원칙적으로 폐지한다.

⑤ 모든 토지에 동일한 세율로 과세하는 것으로 한다.

토지세 목표 금액은 환경세와 동일하게 30조 원으로 한다. 2017
년 국민대차대조표에 의하면, 금융법인, 비금융법인과 가계 및 비영
리단체의 토지자산 가치는 약 5,492조 원이다. (http://kosis.kr/. 검색일:
2019년 1월 31일). 여기에 약 0.55%의 세율로 토지세를 부과하면 토지
배당에 필요한 재원 30조 원을 마련할 수 있다.

제13장 하나의 기본소득 재정 모델

기본소득 지급과 재원

기본소득 지급

기본소득은 1인당 월 30만 원으로 한다. 이전의 모든 사회복지를 그대로 두고 기본소득을 추가하는 것으로 모형을 만든다. 다만, 현금 지급형 사회복지 중에서 다음의 세 가지만 조정한다.

① 아동수당은 기본소득으로 완전히 대체한다. 아동수당 10만 원 받던 아동은 기본소득 30만 원을 받게 된다.

② 기초연금은 15만 원 이내에서 대체한다. 즉, 기존에 기초연금 30만 원을 받던 노인은 기초연금 15만 원과 기본소득 30만 원, 합계 45만 원을 받게 된다.

③ 기초생활 보장 대상자 중 생계급여는 15만 원 이내에서 대체한다. 즉, 기존에 생계급여 40만 원을 받던 사람은 생계급여 25만 원과 기본소득 30만 원을 합쳐서 55만 원을 받게 된다.

기본소득 예산

월 30만 원씩 5천만 명에게 지급하는 데 30만 원 × 12달 × 5천만 명 = 180조 원이고, 여기서 아동수당 예산 절약분, 기초연금 예산 절약분, 생계급여 예산 절약분을 빼면 된다. 세 가지 절약분의 합계가 10조 원은 넘을 것이므로 170조 원을 확보하면 충분할 것이다.

기본소득 재원

앞 장에서 설명한 세 가지 조세만 가지고도 충분히 조달된다. 시민소득세 120조 원, 환경세 30조 원, 토지세 30조 원을 합치면 180조 원이 확보된다. 만약 소득세 공제 제도까지 없애면 60조 원이 추가되어 약 240조 원이 확보되므로 1인당 월 40만 원을 지급할 수 있다.

순수혜 가구 비율

정치적 실현 가능성을 확인하기 위해서는 순수혜 가구가 몇 %가 되는지를 따져 보는 것이 중요하다. 소득세 공제 제도 폐지까지 합쳐서 가구별 시뮬레이션을 하려면 추가적인 자료 확보가 필요하므로 추후 연구로 미루고, 여기서는 이전의 연구(전강수, 강남훈, 2018)를 요약하기로 한다.

이 시뮬레이션에 사용된 자료는 통계청의 『2016 가계금융복지조사』다. 이 데이터는 전국 18,000여 가구를 대상으로 금융자산, 부동산 자산, 소득 등을 조사한 것으로, 토지세 부과와 기본소득 지급의 효과를 추정하기에 적합하다. 자료에는 건물 가치와 토지 가치가 구분되어 있지 않아서 조사된 부동산 가치의 0.64를 토지 가치라고 가정했다. "0.64"는 한국은행과 통계청이 조사하여 발표한 국민대차대조표에 나타난 주택 토지분 가치 총액을 주택 전체 가치 총액으로 나누어 구했다. 기본소득 지급액은 토지배당 연간 60만 원, 환경배당 60만 원, 시민배당 240만 원을 합해서 1인당 연 360만 원(월 30만 원)이다. 시민소득세는 가계귀속소득 전체에 부과되는데, 추정 과정에서는 데이터에 있는 근로소득, 재산소득, 사업소득을 합한 금액을 과세대상 소득으로 간주했다. 시민소득세는 이 과세대상 소득에 10%의 세율로 부과한다. 토지세는 0.6%의 세율로 부과한다. 환경세는 31조 원으로 하되, 가계 부담분은 24조 원, 기업 부담분은 7조 원이라고 가정했다. 또 환경세는 탄소 소비량 등 소비에 부과되지만 자료에는 소비가 조사되어 있지 않으므로 환경세 부담은 소득에 비례한다고 가정했다. 소비가 조사되어 있는『가계동향조사』를 활용하여 행한 이전의 연구에서 환경세 부담이 소비에 비례한다고 가정한 경우와 소득에 비례한다고 가정한 경우 사이에 큰 차이가 없었다(강남훈, 2013). 이러한 가정 하에 31조 원을 걷기 위한 환경세율은 2.887%가 된다.

위와 같은 가정 아래서 시뮬레이션을 한 결과 전체 가구의 82%가 순수혜 가구가 되고 18%가 순부담 가구가 되는 것으로 드러났다. 지니계수는 0.378에서 0.300으로, 20% 정도 감소하는 것으로 추정됐다.

그런데 위의 시뮬레이션에서는 국토보유세율이 0.6%였는데, 지금의 모델은 0.55%다. 그리고 연도가 바뀔수록 소득이 증가하므로, 앞으로 실제로 정책을 실행한다면 전체적으로 순부담 가구의 비율이 감소하고 순수혜 가구의 비율이 증가할 것이다. 더불어서 소득세 공제 제도까지 폐지하고 1인당 40만 원의 기본소득을 지급한다면 순수혜 가구의 비율은 더욱 증가할 가능성이 있다.

정치적 가능성

82%가 순수혜 가구가 되고 18%가 순부담 가구가 된다면 정치적으로 실현 가능할까? 실현 가능성이 높다고 판단되지만, 그것만으로는 충분하다고 생각되지 않는다.

환경세는 모두가 부담하는 세금이다. 그리고 자기가 부담하는 금액 전체를 계산하기는 매우 어렵다. 그러나 사람들이 물건을 살 때 확인할 수 있도록 함으로써, 환경세를 절약할 수 있는 길을 열어 주는 것이 중요하다. 그러기 위해서는 물건 가격에 환경세를 포함하는 것을 금지하고 계산 시점에서 별도로 걷게 하는 것이 필요하다. 소프트웨어 업그레이드 비용은 들겠지만, 물건에 포함된 환경세를 사람들에게 분명히 알리는 것은 지속 가능한 사회를 만들기 위해 매우 중요한 작업이다. 사람들에게는 크게 환경세를 절약할 방법이 있다. 대중교통을 이용하고, 집에 태양광 패널을 설치하는 등의 일이다. 이런 절약을 실천하는 사람은 누구나 이득을 보게 될 것이다. 무엇보다 미세먼지 문제가 갈수록 심각해지고 있으므로, 환경세는 충분히 설득 가능하다고 생각된다. 미국뿐만 아니라 다른 나라의 사례를 보아도 그렇다.

토지세는 저항의 명분을 줄이고 부당한 전가를 막기 위하여 다음과 같은 조치들을 병행할 필요가 있다.

① 현금 소득이 없는 사람을 위하여 납부 유예 제도를 도입한다. 상속, 양도, 매매할 때 토지세를 한꺼번에 납부할 수 있도록 한다. 유예된 기간 적절한 이자율을 반영한다.

② 토지 지분 납부도 가능하게 한다. 토지세가 0.5%일 때 매년 0.5%씩 토지 지분으로 납부하면, 200년을 더 살 수는 없으니까 죽는 날까지 토지세를 전혀 내지 않고 지금 살던 대로 살면 된다. 『구약』에서 정한 기간(희년)보다 네 배가 긴 기간이다.

③ 토지 소유자(주택 토지 포함)에게 환매수 조건부 매도권을 부여한다. 일정한 규모 이하의 토지 소유자는 일정한 가격(예를 들면 공시시가의 70%)으로 정부에게 토지를 매도할 권한을 갖는다. 정부는 의무 매입한 주택을 공공 임대주택 등으로 활용한다. 시세가 좋아져서 부동산을 너무 싸게 매도했다고 판단되면 일정한 기간 이내에 정부로부터 매도 가격에 다시 매수(환매수)할 수 있다. 해당 기간 물가 상승률, 이자율, 임대료 등을 적절하게 고려한다.

④「주택임대차보호법」을 개정하여, 임대차 기간을 늘리고, 자녀가 초중등학교에 다니고 있는 경우 학교를 졸업할 때까지 계약 갱신을 요구할 수 있는 권리를 보장하도록 한다.*

⑤ 토지의 공시지가는 부동산 가격에서 건물 잔존 가치를 뺀 값으로 일률적으로 정한다. 부동산 가격은 일정 기간 인근의 가장 유사한 부동산의 거래 가격 또는 임대료를 가격으로 환산한 값의 가중평균 가격(거래 일자가 가까울수록 가중치가 증가)으로 한다. 사람들이 "세금 폭탄"과 같은 공격에 흔들리지 않도록 재정환상에 빠지지 말아야 한다.

시민소득세는 정면으로 맞서는 수밖에 없다. 시민소득세를 사람들이 암산할 수 있을까? 암산할 수 있다. 연간 소득이 8,000만 원인 3인 가구를 생각해 보자. 금융자산으로부터 발생하는 수익은 없다고 가정하자. 연간 소득의 10%인 800만 원을 시민소득세로 내야 한다. 시민배당은 720만 원이다. 순부담이 80만 원이다. 만약 3억짜리 아파트에 살고 있는데, 이것의 공시가격이 2억 원이고 그중에서 토지의 공시지가가 1.6억 원이라면 이것의 0.5%인 80만 원을 토지세로 내야 한다. 토지배당은 180만 원이므로 100만 원 순수혜가 생긴다. 환경세는 평균 이하로 절약해서 약간 이득을 본다고 가정한다. 이상을 종합하면 이 가구는 20만 원의 순수혜 가구가 된다. 3억짜리 아파트 소유자이면서 연간 수입 8,000만 원인 가구가 순수혜 가구가 되면 충분히 실현 가능한 정책이 아닐까? 만약 전세나 월세를 사는 가구라면 연간 수입 9,000만 원까지가 순

---

* 토지세는 원칙적으로 전가가 불가능하다(이정전, 2015). 그러나 아이가 고등학교에 다니고 있어서 이사 가면 입시에 아주 불리하게 되는 특별한 사정이 있는 가구가 있다. 특별하게 열등한 처지에 있는 사람에게 토지세 부과를 구실로 임대료를 올릴 수 있다. 이렇게 열등한 지위에 있는 가구를 보호하는 장치가 필요하다.

수혜 가구가 된다.

순수혜 가구가 많아지는 것도 필요하지만, 순부담 가구가 공정하다고 생각하는 것도 중요하다. 공정하다고 생각할까? 우리의 모형에서 세 가지 조세는 모두 비례세다. 아무런 공제도 특혜도 없다. 공정한 조세라고 설득할 수 있을 듯하다. 그리고 상위 1%를 제외하고는 순부담 액수가 얼마 되지 않는다. 연봉 1억 원이고 5억짜리 아파트, 토지 공시지가 1.8억짜리인 집에 사는 3인 가구의 순부담액을 생각해 보자. 시민세 1,000만 원, 토지세 90만 원, 합계 1,090만 원이다. 환경세는 자가용 한 대만 운행해서 손해도 이익도 없다고 본다. (실제로 환경세 부담은 가계와 기업이 나누어서 부담하게 된다.) 시민배당과 토지배당 합계는 900만 원이다. 순부담액은 연간 190만 원이다. 아이 하나를 더 가지면 순수혜 가구가 된다. 이 정도를 부담해서, 혹시 해고되어 소득이 없을 때도, 혹시 자식들이 SKY 대학도 떨어지고 못살게 될 때도, 그리고 자신이 은퇴한 뒤 죽을 때까지 확실하게 매월 30만 원이 보장된다면, 돈 버는 동안 충분히 부담할 만한 액수가 아닐까? 무엇보다도 못사는 친정 동생(본가 동생) 몰래 도와주다 들켜서 남편(아내)하고 싸우는 경우가 종종 있는데, 더는 이런 싸움할 필요가 없게 된다면 부부 화목 비용이라고 생각하고 충분히 부담할 만한 가치가 있지 않을까? 시골에 계시는 노부모 용돈 안 드려도 되는 것까지 고려하면 오히려 순수혜 가구라고 보아야 하지 않을까?

맺음말 — 생각 바꾸기

기본소득한국네트워크 정관 개정

기본소득한국네트워크는 2019년 1월 26일 제7차 정기총회에서 다음과 같이 정관 제2조를 개정했다.

네트워크는 모든 사회구성원의 자유와 참여를 실질적이고 평등하게 보장할 수 있는 기본소득제의 실현에 기여하는 것을 목적으로 한다. 이때 기본소득이라 함은 공유부에 대한 모든 사회구성원의 권리에 기초한 몫으로서 모두에게, 무조건적으로, 개별적으로, 정기적으로, 현금으로 지급되는 소득을 말한다.

이 조항에는 기본소득에 대한 정의가 포함됐는데, 기본소득을 "공유부에 대한 모든 사회구성원의 권리에 기초한 몫"으로 정의하였다. 아마도 기본소득을 공유부에 대한 공동의 몫으로 정의한 것은 한국네트워크가 처음일 것이다. 기본소득이 공유부에 대한 공동의 몫이라면, 기본소득의 충분성 여부는 부차적인 것이 된다. 빈곤 탈출에 충분하지 못해도 상관없다. 우리의 몫을 기본소득으로 나누자는 합의에 처음 도달한 상태에서 처음부터 많은 금액을 요구할 수는 없다.

1인당 월 30만 원 정도의 낮은 기본소득이라고 할지라도 사회적으로 미치는 영향은 막대하다. 중산층을 포함해서 많은 사람의 소득 안정성이 높아질 것이다. 농촌에 가서 농사짓는다든지 하고 싶은 일을 하면서 살겠다는 사람이 늘어날 것이다. 자식들을 SKY 대학으로 몰아넣으려는 부모가 줄어들 것이다. 해고는 살인이라고 외칠 필요도 없을 것이다. 비정규직 연인들도 정규직이 될 때까지 기다리지 않고 결혼할 수 있다. 애를 낳으면 아이 몫으로 평생 월 30만 원이 보장된다. 선거 때마다 금액은 오를 것이므로, 아이가 성인이 될 때쯤에는 금액이 꽤 커질 것이다. 자기 먹을 것은 자기가 가지고 태어난다는 속담이 실현되는 나라가 될 것이다.

기본소득은 만병통치약이 아니다. 경제문제와 사회문제를 모두 해결할 수는 없다. 경제문제나 사회문제마다 별도의 정책이 필요하다. 물론 기본소득은 이런 정책들의 효율성과 효과성을 높이는 데 도움이 될 수 있다. 기본소득과 여러 정책의 결합에 대해서는 앞으로 계속해서 연구 과제가 될 것이다. 여기 마지막 장에서는 한국네트워크 정관 개정의 뜻을 사려서 기본소득이란 복지와 정치와 경제를 바라보는 생각을 바꾸는 것이라고 말하고 싶다.

생각의 담장 함께 넘기

우리나라는 경제협력개발기구OECD 국가 중에서 자살률이 가장 높고 출산률이 가장 낮고 행복지수가 가장 낮은 나라 집단에 속한다. 우리나라에서 시급하게 필요한 것 중의 하나가 복지 확대다.

우리나라는 OECD 국가들 중 총조세부담률(국민부담률, 조세부담률 + 사회보장부담률)과 공공 사회 지출*이 가장 낮은 나라다. 2018년 OECD 국가들은 GDP의 평균 20.1%를 복지에 지출했는데, 우리나라는 11.1%밖에 지출하지 않았다. 핀란드는 28.7%를 지출했

---

* "사회 지출"은 현금 급여, 현물 급여, 사회적 목적의 조세 감면으로 구성된다. "사회"는 가계 간 자원의 재분배를 포함하거나 강제 참여가 있는 정책을 의미한다. "공공"은 일반 정부(중앙정부, 주 정부, 지방정부, 사회보장기금 포함)가 자금의 흐름을 통제하는 것을 의미한다. (OECDiLibrary)

고, 복지가 낮은 것으로 알려진 미국도 18.7%를 지출했다. (https://
stats.oecd.org/Index.aspx?DataSetCode=SOCX_AGG. 검색일: 2019년 1월 31일.)
핀란드 수준으로 지출하려면 17.6% 더 지출해야 한다. 이것은 2018
년 기준으로 하면, 무려 320조 원이나 된다. 이 정도 복지 지출을 하
면 복지국가가 될 수 있다.

그러나 복지 지출을 늘리기 위해서는 조세 부담도 그만큼 늘려
야 한다. 우리 국민은 복지 확대는 원하면서도 조세 증가에는 반대하
는 모순적인 정신 상태에 있다. 시장 맹신주의와 성장 만능주의 생각
을 가지고, 저복지-저세금-저복지의 악순환에 빠져 있기 때문이다
(이정우, 2015).

담장 이쪽의 사람들은 높은 세금에 대해 강한 거부감을 보이고
성장을 위해 복지를 희생해야 한다고 생각한다. 담장 저쪽의 사람들
은 높은 세금이 당연하고 성장은 복지의 수단이라고 생각한다. 담장
이쪽에서 다수의 사람이 살고 있으면 혼자 담장 저쪽으로 가서 살 수
없다. 반대로 다수의 사람이 담장 저쪽에 살고 있으면 이쪽으로 넘어
올 필요가 없다. 한국에서 살 때는 1% 증세에도 거품을 물고 반대하
던 사람이 핀란드로 이민 가면 소득의 50%를 세금으로 내면서도 행
복하다고 생각한다.

생각의 담장은 낮지 않다. 기술이 바뀌면 경제도 법도 새롭게 바
뀌어야 하는데, 지금의 경제나 법 이외에는 대안이 없다고 생각하는
사람이 너무나 많다. 생각이라는 부엉이는 어두워져야 겨우 나는 듯
하다.

저복지-저세금-저복지의 악순환 세상에서 빠져나와 고복지-고
세금-고복지의 선순환 세상으로 들어가려면 다수의 사람이 생각의
담장을 함께 넘어야 한다. 기본소득은 80% 이상 압도적 다수를 순수혜자로
만들기 때문에, 증세와 복지를 교환하여 담장 저쪽에서 살자는 사회적 대타협을

가능하게 하는 정책이다. 기본소득은 저소득층뿐만 아니라 중산층까지 순수혜자로 만들기 때문에, 저소득층과 중산층이 손을 잡고 함께 담장을 넘어갈 수 있게 만드는 정책이다.

정치에 대한 생각 바꾸기

기본소득한국네트워크의 개정된 정관에는 기본소득이 참여를 실질적이고 평등하게 보장한다는 구절이 있다. 많은 국민이 정치를 더럽다고 생각한다. 실제로 더럽다. 까딱하면 감옥 간다. 오죽하면 "너는 정치하지 마라"라는 말까지 유행어가 됐을까. 그러나 다수의 사람이 더럽다고 멀리하는 사이에 소수의 가진 자들의 편협한 탐욕이 정치를 지배하게 된다. 플라톤은 정치를 외면한 가장 큰 벌은 가장 저질스러운 인간들에게 지배당한다는 것이라고 말했다.

총탄으로 전쟁에서 이긴 링컨 대통령은 총탄으로 쓰러지기 전에, "표탄은 총탄보다 강하다The ballot is stronger than the bullet"라는 격언을 남겼다("투표용지"라는 단어를 운율이 어울리게 "표탄"으로 번역해 보았다). 경제학자답게 어리숙하게 정치를 정의해 보자. 정치는 세금을 누구한테 얼마나 걷어서 누구를 위해 쓸지를 결정하는 전쟁이다. 민주주의는 총탄 대신 표탄으로 싸움을 하는 문명화된 전쟁이다. 민주주의에서도 여느 전쟁과 마찬가지로 표탄을 많이 쏜 집단이 이긴다. 이긴 사람은 세금을 마음대로 쓸 수 있다. 전쟁에서 패배한 집단을 위해 쓸 예산은 없다. 그런데 이겨서 무언가를 얻어 본 경험이 있는 병사래야 또 이길 수 있다. 국가로부터 받은 것이 없다고 느끼는 청년들에게 아무리 표탄을 쏘라고 말해 보아도 소용이 없다. 나이가 들면 전쟁에 져서 쓴맛을 본 경험이 있으므로 다리를 절면서라도 표탄을 쏜다.

<표 5.1.1> 2016년 국회의원 선거 시도별 연령별 투표율 (단위: %)

지역	전체	19세	20~24세	25~29세	30~34세	35~39세	40~49세	50~59세	60~69세	70~79세	80세 이상
전국	58.1	53.6	55.3	49.8	48.9	52	54.3	60.8	71.7	73.3	48.3
서울	59.5	58.2	58.5	54.5	53.6	55	55.5	59.9	71.7	75.1	49.2
부산	55.2	55.4	54.9	47.1	44.4	48.2	49.5	57.3	67.6	70.3	44.4
대구	54.7	54.5	54.5	45.3	43.2	48.1	50.4	57	68.9	72.2	48
인천	55.8	53.8	56	48.7	47.1	48.9	50.8	58.5	70.6	72.2	48.1
광주	61.6	59.9	60.9	52.4	50	54.8	59.1	66.7	76.4	74.5	44.3
대전	58.4	53.1	55.8	48.9	47.4	51.3	55.1	61.8	73.8	75.1	49.9
울산	59.6	52.5	55.7	51.3	50.6	55.6	57.9	65.3	71.4	68.8	42.3
세종	62.1	51.2	53.3	52.6	56.9	61.6	61.2	63.6	76.3	73.3	50.2
경기	57.6	55.5	56.5	50.5	50	53.6	54.7	59.6	70.3	72.7	48.6
강원	57.9	46.6	52.1	49	47.7	49.1	53.5	60	72.1	74.6	48.3
충북	57.6	46.2	50.7	45	45.6	49.2	52.2	61.7	73.7	73.5	50.1
충남	55.4	47	48.6	43.2	43.4	48.5	52.5	60.6	70.4	69.6	46
전북	63.4	54.7	57.8	51.4	51.6	55.8	61.3	68.3	77	75	50.5
전남	63.9	50.8	55	50.4	50.7	54.8	61.1	70.3	78.5	76.5	50.8
경북	56.9	44.8	47.4	40.7	38.8	43.8	50.4	62	74.4	75.1	50.3
경남	57.1	49.9	52.6	47.4	47	49.9	54.2	61.1	69.7	70.3	45.6
제주	57	49	51.4	46.8	47.5	47.9	52.6	61.8	70.8	72.8	46.9
성남 수정구	54.2	54.7	58.8	50.7	49.1	50	47	52.4	68.9	69.6	40.3
성남 중원구	55.4	57.7	56.7	49.1	48.2	52.4	51.6	54.4	68.8	70.8	52.5
성남 분당구	65.5	55.8	61	58.4	61.1	64.2	63.9	67.4	77.1	79.7	55.8

자료: 중앙선거관리위원회(2016), 『제20대 국회의원선거 투표율 분석』

기본소득이 도입되면 정치가 하는 일이 두 가지 늘어난다. 기본소득 액수 정하기. 기본소득에 쓸 세금을 누구한테 걷을지 정하기. 이전에는 국회의원만 자기 월급 자기가 정했지만, 이제는 전 국민이 자기 월급 자기가 정하게 된다. 정치에서 자기 월급이 결정되므로 정치가 아주 중요해진다. 정치 참여가 늘어날 것이다.

경험적으로 살펴보자. 성남시 청년배당을 받은 24세 청년들은 정치에 대한 생각이 바뀌었을까? 설문조사 결과를 보면, "국가가 나를 위해서 무언가 해 줄 수 있다는 것을 처음 알았다", "정치가 중요하다는 것을 처음으로 깨달았다"라고 대답했다. 이런 청년들의 생각이 행동으로 연결됐을까? 성남시 청년배당은 이재명 시장에 의하여

2016년 처음으로 지급됐다. 〈표 5.1.1〉은 그해 있었던 선거의 지역별, 연령별 투표율을 보여준다.

2016년 선거에서 19~24세 투표율은 서울, 부산, 대구, 인천, 광주, 대전과 경기도에서 40대 투표율보다 높아졌다. 그러나 어떤 지역도 50대 투표율보다 높지는 않았다. 그런데 성남시의 투표율을 보면 수정구과 중원구의 20~24세 투표율이 50대 투표율보다 높아진 것을 알 수 있다.

다른 요인들을 통제할 수 있는 조사가 없으므로 확정적으로 말하기는 힘들지만, 성남시 청년배당이 청년들의 정치적 관심을 고조시키고 이것이 청년들의 투표율 증가로 이어졌을 개연성은 충분히 높아 보인다.

경제에 대한 생각 바꾸기

기본소득은 노동에 대한 생각을 바꿀 것을 요청한다. 무엇이 노동인가? 기존의 시장 만능주의 경제학은 임금노동만을 노동으로 간주하는 경향이 있다. 노동하지 않는 자 먹지도 말라는 사도 바울의 말씀을 임금노동을 하지 않는 자 먹지도 말라는 뜻으로 해석하여 왔다. 사도 바울이 그런 말을 했던 때는 노예제사회로서 임금노동 자체가 드물었다. 오늘날 실제로 노동하지 않고 먹고사는 사람들은 부동산 투기나 주식 배당으로 살아가는 사람들인데, 이런 사람들한테는 아무 말도 안 하면서 일자리가 없어서 고통 받은 청년들을 향해서 상처를 주는 잘못을 범하고 있다.

사람들은 임금노동 말고도 의미 있고 필요한 일(활동)을 많이 하고 있다. 가사노동, 돌봄노동, 자원봉사, 협동조합이나 사회적 기업에서의 노동, 종교단체에서의 노동 등등, 사회적으로 필요하고 의미 있는 노동이면서도 임금을 안 받고 하는 노동이 많이 있다. 기본소득은 사회적으로 가치 있는 비임금노동에 대한 보상이 될 수 있다. 기본소득은 임금노동뿐만 아니라 가치 있는 비임금노동도 노동으로 인정하는 것이다.

사회로부터 무언가를 받기 위해서는 사회를 위해 무언가 기여해야 한다는 호혜성의 원칙에 입각해서, 노동을 '타인을 위해 사용가치를 생산하는 행위'로 정의해도 좋다. 이 정의에서는, 타인을 위한 노동인지를 누가 인정(평가)할 것인가가 문제가 된다. 사적 노동은 사회적 노동으로 누군가로부터 인정받아야 한다. 시장 만능주의 경제학에서는 임금노동을 하면 타인을 위해 노동하는 것으로 간주한다. 이것은 시장을 통한 인정이다. 과거 소비에트의 국가사회주의에서는 국가가 시키는 일을 하면 타인을 위해서 일하는 것이었다. 이것은 국가를 통한 인정이다.

기본소득은 어떠한가? 최소한의 범위에서 무조건 인정이다. 모든 사람은 최소한 얼마는 타인을 위해 일하고 있을 것이라고 무조건 인정하는 것이다. 최소한의 범위를 넘어서면, 시장이나 국가를 통해 인정을 받아야 할 것이다. 그렇다고 기본소득이 성선설을 전제하고 있는 것은 아니다. 가사노동도 호혜적인 노동이다. 투표에 참가하고 정치를 토론하는 것도 마찬가지다. 인터넷에 올린 동영상이 인공지능을 만드는 데 기여하는 시대가 됐다. 최소한의 무조건 인정은 효율적이고 공평하게 사람의 노동을 인정하는 방법이다. 인정받은 사람은 더 열심히 인정받는 일을 한다. 사랑을 받은 아이가 사랑하는 어른이 된다.

기본소득은 노동에 대한 생각만이 아니라 생산에 대한 생각도 바꾸는 것이다. 공유부, 즉 공동자산이라는 것이 존재하고 공동자산이 생산에 기여하고 있다는 것을 인정하는 것이다. 기존의 시장 만능주의 경제학에서는 생산은 자본이 노동을 고용해서 하는 행위이고 생산의 결과는 임금을 제외하면 자본의 몫이다. 가끔 토지를 고려하기도 하지만, 토지가 공동자산이라는 것을 인정하지 않고 사적인 자본과 다름없이 취급한다.

토지가 공동자산이라는 것을 인정하면 그림이 달라진다. 토지를 사용해서 생산이 이루어진다면, 모든 사람이 생산에 참여하고 있는 셈이다. 그렇다면 생산된 가치의 일부를 공동자산의 공동소유자에게 나누어 주는 것이 마땅하다. 토지를 전혀 사용하지 않고 인터넷에서 이루어지는 생산은 어떨까? 인터넷이 바로 공동자산이다. 허버트 사이먼이 가르쳐 주었듯이, 모든 생산은 다른 사람들의 지식을 활용한 결과다. 다른 사람의 지식도 공동자산에 속한다. 모든 생산에는 공동자산이 참여하고 있으므로, 생산된 가치의 일부는 공동의 몫이라고 할 수 있다.

부의 원천은 노동만이 아니다. 부의 원천은 노동과 자연이다. 여기서 자연은 연합 지성, 공동자산과 같은 뜻이다. 그러므로 부의 원천은 노동과 공동자산이다. 내가 멀리 볼 수 있었던 것은 거인의 어깨 위에 올라섰기 때문이다. 내가 부자가 된 것은 사회적 자본이 풍부한 나라에 태어났기 때문이다. 나의 소득의 일부, 예를 들면 십일조 정도는 내가 생산할 때 공동으로 참여한 사람들에 대한 몫이다.

참고 문헌

Abadie, A, A. Diamond, and J. Hainmueller (2010), "Synthetic Control Methods for Comparative Case Studies: Estimating the Effect of California's Tobacco Control Program", Journal of the American Statistical Association 105.

Aumann, Robert and Michael Maschler (1985), "Game theoretic analysis of a bankruptcy problem from the Talmud", Journal of Economic Theory, Vol. 36, Issue 2.

Baker, James, Martin Feldstein, Ted Halstead, Gregory Mankiw, Henry M. Paulson, George P. Shultz, Thomas Stephenson, Rob Walton (2017), THE CONSERVATIVE CASE FOR CARBON DIVIDENDS, Climate Leadership Council, Feb 2017.

Basic Income Grant Coalition (2009), Making the difference! The GIG in Namibia, April 2009.

Basic Income News (2013), "Oregon, United States: Proposed amendment to state constitution would create a small basic income.", 2013. 4. 22. (http://binews.org/2013/ 04/ oregon-united-states-proposed-amendment-to-state-constitution-would-create-a- small- basic-income.)

Berners-Lee, Tim (2000), Weaving the Web: The Original Design and Ultimate Destiny of the World Wide Web, HarperBusiness.

BIEN (2011), "The Suplicy-Tobin Exchange", NewsFlash No. 11. (https://basicincome. org/bien/ pdf/NewsFlash11.pdf.)

Bregman, Rutger (2016), Utopia for Realists: the Case for a Universal Basic Income, Open Borders, and a 15-hour Workweek, The Correspondent.

Brin, Sergey and Lawrence Page (1998), "The Anatomy of a Large-Scale Hypertextual Web Search Engine", Computer Networks and ISDN Systems.

Brynjolfsson, Erik and Andrew McAfee (2012), Race Against The Machine: How the Digital Revolution is Accelerating Innovation, Driving Productivity, and Irreversibly Transforming Employment and the Economy, Digital Frontier Press. (정지훈, 류현정 옮김,

『기계와의 경쟁』, 틔움출판, 2013년.)

Brynjolfsson, Erik and Andrew McAfee (2014), The Second Machine Age: Work, Progress, and Prosperity in a Time of Brilliant Technologies, W. W. Norton & Company. (이한음 옮김, 『제2의 기계시대』, 청림출판, 2014년.)

Buchanan, James M. (1997), "Can Democracy Promote the General Welfare?", Social Philosophy and Policy, Vol. 14, Issue 2.

Davala, Sarath (2015), "Transformative and Emancipatory Potential of Unconditional Basic Income: Research Findings from a Pilot Study in Madhya Pradesh, India", 서울 국제학술대회 발제문, 2016년 6월 19~20일.

Davala, Sarath, Renana Jhabvala, Guy Standing and Soumya Kapoor Mehta (2015), Basic Income. A Transformative Policy for India, Bloomsberry.

David Silver, Aja Huang, Chris J. Maddison, Arthur Guez, Laurent Sifre, George van den Driessche, Julian Schrittwieser, Ioannis Antonoglou, Veda Panneershelvam, Marc Lanctot, Sander Dieleman, Dominik Grewe, John Nham, Nal Kalchbrenner, Ilya Sutskever, Timothy Lillicrap, Madeleine Leach, Koray Kavukcuoglu, Thore Graepel, and Demis Hassabis (2016), "Mastering the game of Go with deep neural networks and tree search", Nature, Vol. 529, 28 Jan.

Diamandis, Peter and Steven Kotler (2012), Abundance. (권오열 옮김, 『어번던스』, 와이즈베리, 2012년.)

Economists' Statement on Guaranteed Annual Income (1968), 1/15/1968-4/18/1969 folder, General Correspondence Series, Papers of John Kenneth Galbraith, John F. Kennedy Presidential Library. Cited in: Jyotsna Sreenivasan, "Poverty and the Government in America: A Historical Encyclopedia."(Santa Barbara: ABC-CLIO, 2009).

Fitzpatrick, T. (1999), Freedom and security: An introduction to the basic Income.

Forget, Evelyn L. (2011), "The Town with No Poverty: The Health Effects of a Canadian Guaranteed Annual Income Field Experiment", Canadian Publid Policy 37(3).

Forget, Evelyn L., et. al. (2016), Pilot lessons: How to design a basic income pilot project for Ontario, Mowat Center, School of Public Policy & Governance.

Frey, Carl and Michael Osborne (2013), "The future of employment: How susceptible are jobs to computerisation?", published in Technological Forecasting and Social Change, 2017, Vol. 114.

Friedman, Milton (1962), Capitalism and Freedom. (심준보, 변동열 옮김, 『자본주의와 자유』, 청람미디어, 2007년.)

Gallop (2018), The Gig Economy and Alternative Work Arrangements.

GAO(US Government Accountability Office) (2015), "Contingent Workforece: Size, Characteristics, Earnings, and Benefits", GAO-15-168R.

Garfinkel, I., C-C Huang, and W. Naidich (2006), "기본소득이 빈곤과 소득분배에 미친 영향". in Ackerman, B., Anne Alstott and Philippe Van Parijs, Redesigning Distribution. (너른복지연구모임 역, 『분배의 재구성』, 2010년.)

Gilroy, Michael, Mark Schopf, Ananstasia Semenova (2013), "Basic Income and Labor Supply: The German Case", Basic Income Studies. 8(1).

Hammond, Jay (1994), Tales of Alaska's Bush Rat Governor, Epicenter.

Hammond, Jay (2011), "Diapering the Devil: How Alaska Helped Staunch Befouling by Mismanaged Oil Wealth: A Lesson for Other Oil Rich Nations", in Todd Moss ed., The Governor's Solution - How Alaska's Oil Dividend Could Work in Iraq and Other Oil-Rich Countries, CENTER FOR GLOBAL DEVELOPMENT, 2012.

Hum, D. and W. Simpson (1993), "Economic Response to a Guaranteed Annual Income: Experience from Canada and the United States", Journal of Labor Economics, Vol. 11, January 1993.

IRENA (2018), Renewable Power Generation Costs In 2017, International Renewable Energy Agency.

Jones, Damon and Ioana Marinescu (2018), "The Labor Market Impacts of Universal and Permanent Cash Transfers: Evidence from the Alaska Permanent Fund," NBER Working Paper, No. 24312.

Kangas, Olli, Signe Jauhiainen, Miska Simanainen and Minna Ylikännö eds. (2019), The Basic Income Experiment 2017-2018 in Finland. Preliminary results.

Katz, L. F. and A. B. Krueger (2016), "The Rise and Nature of Alternative Work Arrangements in the United States, 1995-2015", NBER Working Paper No. 22667.

King, Jr., Martin Luther (1967), Where Do We Go From Here: Chaos or Community?, Beacon Press, 1989.

Korpi, W. and J. Palme (1998), "The Paradox of Redistribution and Strategies of Equality: Welfare State Institutions, Inequality, and Poverty in the Western Countries", American Sociological Association.

Krugman, Paul (2019), "The Economics of Soaking the Rich: What does Alexandria Ocasio-Cortez know about tax policy? A lot.", The New York Times, Jan. 5, 2019.

Lepanjuuri, Katriina, Robert Wishart and Peter Cornick (2018), The Characteristics of Those in the Gig Economy, UK Department for Business, Energy & Industrial Strategy, Feb. 2018.

Marinescu, Ioana (2017), No Strings Attached — The Behavioral Effects of U. S. Unconditional Cash Transfer Programs, Roosevelt Institute.

Marx, Karl (1867), Capital, Vol. I. (김수행 역, 『자본론』 제1권, 비봉출판사, 2005년.)

Marx, Karl (1894), Capital, Vol. III, (김수행 역, 『자본론』 제3권, 비봉출판사, 2004년.)

Marx, Karl (1953), Grundrisse, (김호균 옮김, 『정치경제학 비판 요강 II』, 백의, 2000년.)

Mayer-Schönberger, Viktor and Kenneth Cukier (2014), Big Data: A Revolution That Will Transform How We Live, Work, and Think.

McFarland, Kate (2016), "UNITED KINGDOM: Web inventor Sir Tim Berners-Lee on benefits of UBI", Basic Income News, 2016. 5. 28.

Muthoo, Abhinay (2000), "A Not-Technical Introduction to Bargaining Theory", World Economics, Vol. 1 No. 2, April-June.

Myerson, Roger (1991), Game Theory: Analysis of Conflict, Harvard University Press.

Nash, J. F. (1950), "The Bargaining Problem", Econometrica 18.

Nash, J. F. (1953), "Two-Person Cooperative Games", Econometrica 21.

Negnevitsky, M. (2005), Artificial Intelligence, 2nd edition. (김용혁 옮김, 『인공지능 개론』, 한빛아카데미, 2013년.)

Osborne, Martin and Ariel Rubinstein (1990), Bargaining and Markets, Academic Press, Inc.

Paine, Thomas (1796), Agrarian Justice, https://www.ssa.gov/history/paine4.html.

Piketty, T. (2014), Capital in the Twenty-First Century, Harvard University Press. (장경덕 옮김, 『21세기 자본』. 글항아리, 2015년.)

Polanyi, Karl (1957), The Great Transformation: The Political and Economic Origins of Our Time. (박현수 옮김, 『거대한 변환』, 민음사, 1991년.)

Quoc V. Le, Marc'Aurelio Ranzato, Rajat Monga, Matthieu Devin, Kai Chen, Greg S. Corrado, Jeff Dean, and Andrew Y. Ng (2012), "Building High-level Features Using Large Scale Unsupervised Learning", Proceedings of the 29th International Conference on Machine Learning, Edinburgh, Scotland, UK, 2012.

Raventós, Daniel (2007), Basic Income: The Material Conditions of Freedom, Pluto Press. (이재명, 이한주 옮김, 『기본소득이란 무엇인가』, 책담, 2016년.)

Rawls, John (1999), A Theory of Justice, Revised edition, Harvard University Press. (First Edition, 1971) (황경식 옮김, 『사회정의론』, 서광사. 1985년.)

Rifkin, Jeremy (2014), The Zero Marginal Cost Society: The Internet of Things, the Collaborative Commons, and the Eclipse of Capitalism, (안진환 옮김, 『한계비용 제로 사회』, 민음사, 2014년.)

Rochet, J.-C. & J. Tirole (2006), "Two-Sided Market: A Progress Report," The RAND Journal of Economics, Vol. 37 No. 3.

Roth, Alvin ed. (1988), The Shapley Value: Essays in honor of Lloyd S. Shapley, Cambridge University Press.

Russell, S and P. Norvig (2010), Artificial Intelligence: A Modern Approach, 3rd. edition, Prentice Hall. (류광 옮김, 『인공지능, 현대적 접근방식』, 제3판, 제이펍, 2016년.)

Scarf, Herbert (1962), "An Analysis of Markets with a Large Number of Participants", Recent Advances in Game Theory, The Princeton Univeristy Conference.

Schelling, T. C. (1960), The Strategy of Conflict, Harvard University Press. (이경남 옮김, 『갈등의 전략』, 한국경제신문사, 2013년.)

Sewa Bharat (2014), A little More, How Much It Is. Piloting Basic Income Transfers in Madhya Pradish, India. (http://sewabharat.org/wp-content/uploads/2015/07/Report-on-Unconditional-Cash-Transfer-Pilot-Project-in-Madhya-Pradesh.pdf.)

Shapley, L. S. (1953), "A Value for N Person Games", Annals of Mathematical Studies XL.

Shapley, L. S. and Martin Shubik (1969), "Pure Competition, Coalitional Power, and Fair Division", International Economic Review, 10. 3.

Sheahen, Allan (2002), "Why Not Guarantee Everyone a Job? Why the Negative Income Tax Experiments of the 1970s were Successful", USBIG Discussion Paper No. 013, February 2002.

Simon, Herbert (2000), "UBI and the Flat Tax", Phillip van Parijs eds., What's Wrong with a Free Lunch, Beacon Press.

Sommeiller, Estelle, Mark Price, and Ellis Wazeter (2016), Income inequality in the U. S. by state, metropolitan area, and county, Economic Policy Institute. (https://www.epi.org/files/pdf/107100.pdf.)

Srnicek, Nick (2017), Platform Capitalism, Wiley.

Standing, Guy (2011), The Precariat: The New Dangerous Class, Bloomsbury Academic.

Steensland, Brian (2007), The Failed Welfare Revolution: America's Struggle over Guaranteed Income Policy, Princeton, 2008.

Stewart, Ian, Debapratim De and Alex Cole (1995), Technology and People: The great job-creating machine, Deloitte.

Tirole, Jean (2017), Economics for the Common Good, Princeton.

Tobin, James (1966), "The Case for an Income Guarnatee", Public Interest, 4(Summer).

Torry, M. (2016), The Feasibility of Citizen's Income, Palgrave.

U. S. Department of Commerce (2016), Digital Matching Firms: A New Definition in the "Sharing Economy" Space, June 3, 2016.

Van Parijs, P. (1995), Real freedom for all, Clarendon Press. (조현진 옮김, 『모두에게 실질적 자유를』, 후마니타스, 2016년.)

Widerquist, K. and Sheahen, A. (2012), "The Basic Income Guarantee in the United States: Past Experience, Current Proposals" in Matthew Murray and Carole Pateman eds., Basic Income Worldwide: Horizons of Reform, New York: Palgrave Macmillan.

Widerquist, Karl (2018), "How Alaska Can Avoid the Third Stage of the Resource Curse", Basic Inocme News. (https://basicincome.org/news/2018/05/alaska-can-avoid-third-stage-resource-curse-2012/.)

World Economic Forum (2016), The Future of Jobs.

Yang, Andrew (2018), The War on Normal People: The Truth About America's Disappearing Jobs and Why Universal Basic Income Is Our Future, Hachette Books.

강남훈 (2002), 『정보혁명의 정치경제학』, 문화과학.

강남훈 (2014), 「2012년 기준 기본소득 모델들과 조세개혁」, 곽노완 외, 『기본소득의 쟁점과 대안사회』, 박종철출판사.

강남훈 (2016), 「인공지능과 기본소득의 권리: 마르크스의 지대이론과 섀플리 가치 관점에서」, 『마르크스주의 연구』, 제43호.

강남훈 (2019), 「근로소득세 공제 없애고 기본소득을 지급할 때의 재분배 효과 — 근로소득 천분위 자료 분석」, 『사회경제평론』, 제58호.

곽노완 외 (2014), 『기본소득의 쟁점과 대안사회』, 박종철출판사.

권정임, 강남훈 (2018), 「공유의 분배정의와 보편복지의 새로운 체제: 마이드너의 임노동자 기금안에 대한 비판과 변형」, 『사회경제평론』, 제57호.

김교성, 백승호, 서정희, 이승윤 (2018). 『기본소득이 온다-분배에 대한 새로운 상상』, 사회평론아카데미.

김복순 (2014), 「자영업 고용 구조와 소득 실태」, 『월간노동리뷰』, 한국노동연구원, 2014년 5월호.

김석기 (2016), 「자영업자 소득 관련 통계 처리 시 유의점」, 『금융포커스』, 2016년 10월 29일 ~ 11월 11일.

김유선 (2018), 「비정규직 규모와 실태: 통계청, '경제활동인구조사 부가조사' (2018. 8) 결과」, 한국노동사회연구소, 『KLSI Issue Paper』 제101호, 2018년 12월 3일.

김유선, 박관성 (2018), 「대기업 비정규직 규모 — 고용형태 공시제 결과(2018년 3월 현재)」, 한국노동사회연구소, 『KLSI Issue Paper』 제97호, 2018년 8월 23일.

김윤상 외 (2018), 『헨리조지와 지대개혁』, 경북대학교 출판부, 제13장.

백봉현 (2018), 『4차 산업혁명과 고령화 · 저출산 시대, 로봇과 일자리』, 한국로봇산업진흥원.

松尾豊 (2015), 『人工知能は人間を超えるか ディープラーニングの先にあるもの』. (박기원 옮김, 『인공지능과 딥러닝』, 동아엠엔비, 2015년.)

안현효 (2018), 「통화정책을 통한 기본소득의 가능성」, 기본소득연합학술대회 발표문, 2018년 11월 23일.

윤홍식 (2017), 「기본소득, 복지국가의 대안이 될 수 있을까? — 기초연금, 사회수당, 그리고 기본소득」, 『비판사회정책』 제54호.

이정우 (2015), 『불평등의 경제학』, 후마니타스.

이정전 (2015), 『토지경제학』, 박영사.

전강수, 강남훈 (2018), 「기본소득과 국토보유세 — 등장 배경, 도입 방안, 그리고 예상효과」, 김윤상 외, 『헨리조지와 지대개혁』, 경북대학교 출판부.

전강수, 남기업, 강남훈, 이진수 (2018), 「국토보유세, 부동산 불평등 해결의 열쇠」, 김윤상 외, 『헨리조지와 지대개혁』, 경북대학교 출판부.

전수민, 주상영 (2018), 「한국의 자영업 소득과 수익률」, 한국사회과학회, 중소기업연구원 주최 국회토론회, 『한국의 자영업: 현황, 대책, 발전방향』, 2018년 9월 13일.

井上智洋 (2016), 『人工知能と經濟の未來: 2030年雇用大崩壊』, 文藝春秋. (김정환 옮김, 『2030 고용절벽 시대가 온다』, 다온북스, 2017년.)

井上智洋 (2018), 『AI 時代の新ベーシックインカム論』, 光文社新書.

정원호, 이상준, 강남훈 (2016), 『4차 산업혁명 시대 기본소득이 노동시장에 미치는 효과 연구』, 한국직업능력개발원.

조영임 (2012),『인공지능 시스템』, 홍릉과학출판사.

중소기업청 (2010),『2010년 전국소상공인 실태조사 보고서』2010년 7월.

태원준 (2019),「로봇에 맞선 인간의 파업」,『국민일보』2019년 1월 25일.

한국은행 (2015),『우리나라 국민계정 체계』.

찾아보기

4차 산업혁명 23, 50~51, 98~155

가계귀속소득 163~165, 172

개별합리성 149~150

경제활동인구 130~132, 138

공동부 11, 147

공동체효과 57~59, 61, 75, 84

공유경제 114, 124

구직수당 10, 14, 41~42, 55, 84~85, 94, 96, 140~142

근로장려세제 71, 148~149

기본소득 7~8

기본재 20

긱 경제 127~129

나눔경제 114~115

나미비아의 실험 58~60

내쉬 해 89~96

누진세 20~23, 162

대체효과 55~58, 84

도덕적 해이 18, 25, 73, 140, 142~143, 146

마이너스소득세 24~25, 58, 65, 69~75, 109, 145

마틴 루터 킹 65~67, 154

명목조세 17, 25, 31

목적세 36, 162

무상경제 114~115

무조건성 7, 104~105

밀튼 프리드먼 23~26, 58

보편성 7, 104~105

복지 함정 39~40, 42~44, 140

불안정노동자 11, 126~146, 158

비례세 15, 21~24, 36~38, 176

생산성 역설 100, 115

섀플리 가치 12, 148~155

선별소득보장 10~11, 14~25, 29~31, 33~36, 39, 43, 45~51, 54~57, 68~69

소득효과 55~58, 72, 75, 81, 84, 86

순수혜 10, 12, 14~16, 20~24, 29, 33~36, 44, 47~49, 142, 161, 172~173, 175~176, 179~180

순조세 11, 17, 25, 31, 49

스핀햄랜드 11, 86~88, 94, 144

승수효과 57~59, 75, 81, 84

시민소득세 12, 163~165, 172, 175

양면 시장 109

역선택 139, 141, 143~144, 146

역진세 20~21, 23

연합 149~152

영 시간 계약 128

인공지능 12, 98~107, 109~113, 121~122, 147~155, 183

인도의 실험 60~65

인터넷 11, 18, 98~99, 102~105, 107, 112, 115, 129, 147, 183~184

임금보조금 11, 88, 92~93, 96

자유배당 161

재분배의 역설 27~30

재정중립적 정책 15~16

재정환상 16~17, 25, 35~36, 162~163, 175

전체합리성(파레토효율) 149~150

제이 해먼드 75~77, 162

제임스 뷰캐넌 37~38

제임스 토빈 37, 67~71

존 내쉬 89~96

지대 추구 111~113, 119

코어 150~151, 153

탄소배당 166~168

탈동조 118~120

탈무드 문제 147~148

토머스 페인 153

토지세 12, 161~162, 169~170, 172, 174~176

팀 버너스 리 103~105, 107

평민 급여 37~38, 70

폴 새뮤얼슨 67~69

플랫폼 기업 108~113, 115, 119, 148, 151, 153

한계소득세율 40~41

허버트 사이먼 105~107, 153, 158

환경세 12, 161~163, 166~170, 172~176

강남훈

1975년 서울대학교 경제학과에 입학하여 1990년 같은 대학에서 경제학 박사 학위를 취득하였다. 가치론과 정보경제학 등을 전공하였고, 민교협 사무총장과 교수노조 위원장을 역임하면서 대학 개혁을 위하여 노력하였다. 2009년부터 기본소득한국네트워크를 만들어 활동하면서 기본소득이 지급되는 세상이 오기를 꿈꾸고 있다. 경기도 교육청 무상급식과 성남시 청년배당을 자문하였다. 현재 기본소득한국네트워크 이사장 및 경기도기본소득위원회 공동위원장을 맡아서 일하고 있다. 한신대학교 경제학과 교수이며, 주요 저서로는 『정보혁명의 정치경제학』, 『기본소득의 쟁점과 대안사회』(공저) 등이 있다.

기본소득 총서 4

기본소득의 경제학

지은이　강남훈
펴낸곳　박종철출판사

주소　　경기도 고양시 덕양구 화중로104번길 28 (화정동, 씨네마플러스) 704호
전화　　031.968.7635(편집) 031.969.7635(영업)
팩스　　031.964.7635

초판 1쇄　2019년 2월 25일
초판 3쇄　2020년 4월 28일

값　　　20,000원

ISBN　978-89-85022-86-6　94330
　　　978-89-85022-55-2　94330(세트)

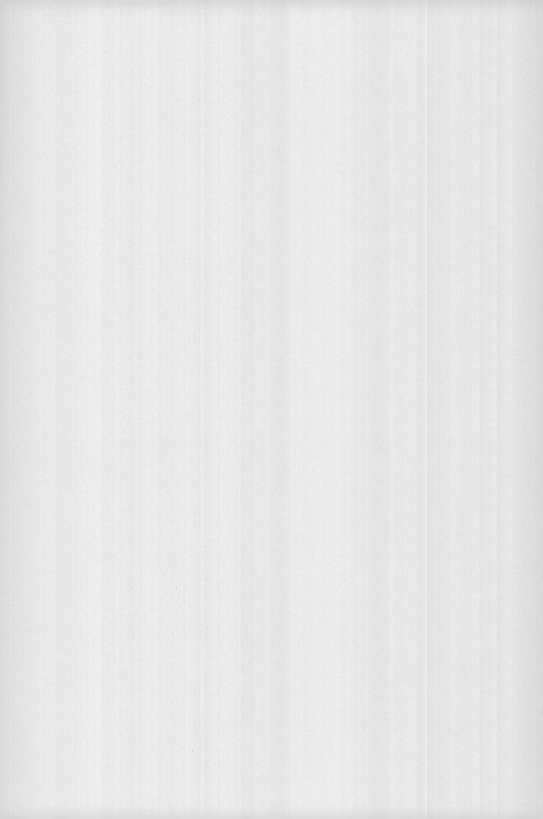